# Willkommen in der Hölle

**COLIN MARTIN**

# Willkommen in der Hölle

Aus dem Englischen von Louis Anschel

Edition Bamboo Sinfonia

**Willkommen in der Hölle**


Erstveröffentlichung auf Englisch im Jahre 2005 bei
Maverick House Publishers, Office 19, Dunboyne Business Park,
Dunboyne, Co. Meath, Irland.
http://www.maverickhouse.com



Übersetzung aus dem Englischen von Louis Anschel
Titel der englischen Originalausgabe:
Welcome To Hell
Deutsche Erstveröffentlichung

ISBN: 978-616-7111-16-2

Produktion und Vertrieb:
Bamboo Sinfonia Derek Kent und Roland Ducrot
E-Mail: info@bamboosinfonia.com

Herstellung und Druck in Thailand
Fong Tong Enterprise Co. Ltd.
33/1450 Moo Ban, T. Ruamchoke, Chokechai 4
Soi 54, Lad Prao Soi 53, Bangkok 10230, Thailand

Umschlagfoto: Andrew Drummond

# Widmung

Dieses Buch möchte ich allen widmen, die mir während meiner achtjährigen Haftzeit geholfen haben, insbesondere aber John Mulcahy und John Kealy. Ohne die beiden hätte ich es nicht geschafft.

# Prolog

Mein Name ist Colin Martin, aber das ist nicht so wichtig. Viel wichtiger ist, was mir zugestoßen ist – und Sie jetzt lesen werden. Denn es könnte auch ohne weiteres Ihnen passieren.

Soeben bin ich aus dem Lad-Yao-Gefängnis in Bangkok entlassen worden. Ich bin wegen Mordes eingesperrt worden, aber ich war unschuldig.

Ich wurde von einem Mann angegriffen, der versucht hatte, mich zu töten, daher handelte ich in Notwehr, um mein Leben zu retten. Wer würde das nicht tun? Plötzlich war der Mann tot, und ich saß im Gefängnis.

Sie haben vermutlich schon Horrorgeschichten über Thai-Gefängnisse gehört. Ich ebenfalls. Als ich ins Gefängnis kam, fragte ich einen meiner Mitgefangenen, einen Schweizer namens Bruno, ob es wirklich so schlimm war. Ich meinte, so schrecklich könnte es doch nun auch wieder nicht sein.

Bruno lachte trocken.

„Willkommen in der Hölle“, sagte er.

Ich verbrachte acht Jahre im Gefängnis, und ich kann Ihnen nun sagen, daß Hölle keine Übertreibung ist. Es spielt natürlich eine Rolle, was Sie sich unter Hölle vorstellen. Diese Erfahrung war in jeder Beziehung so schlimm, wie ich es mir in der Hölle vorstelle. Außerdem hätte ich gar nicht ins Gefängnis gehört. Von der Polizei wurde ich so lange gefoltert, bis ich ein falsches Geständnis ablegte.

Einmal im Gefängnis, wurde ich ständig von den Wachen geschlagen. Tagelang habe ich nichts gegessen, weil das Essen entsetzlich war. Zwei Jahre lang wurde ich gezwungen, Fußketten zu tragen. Beinahe wäre ich an Tuberkulose gestorben, weil die Gefängnisleitung nicht erlaubte, die Krankheit zu behandeln.

Ich sah Dinge, die niemand sehen sollte.

Ich sah, wie Gefangene ermordet wurden. Ich sah Häftlinge, die sich gegenseitig vergewaltigten.

Es war ein einziger Alptraum – einer, aus dem ich nicht aufwachte.

Einige Erinnerungen sind deutlich, andere weniger. An eine Sache kann ich mich gut erinnern.

Während meines ersten Tages im Gefängnis wurde ich nackt ausgezogen und zusammen mit den anderen neuen Gefangenen untersucht. Wir waren ungefähr 15, standen in einer Schlange. Weitere 100 Häftlinge beobachteten uns.

Ein Wachmann ging auf einen der neuen Gefangenen zu und sagte ihm, er solle masturbieren.

„Was?“ sagte der Typ.

„Masturbieren. Und zwar etwas plötzlich!“

Der Typ stand wie erstarrt da, genau wie ich.

„Meine Güte“, dachte ich. „Was ist das denn für ein Knast?“

Drei schnelle, harte Schläge mit dem Schlagstock des Wärters, und der Typ nahm seinen Penis und begann zu masturbieren. Ich wußte, es würde eine haarige Angelegenheit werden, wenn der Wachmann mir dasselbe befahl. Ich würde dem Schwein eine aufs Maul hauen.

Zum Glück passierte das nicht, er ging woanders hin.

Der Wachmann lief vor der Schlange der neuen Gefangenen auf und ab.

„Ihr denkt, ihr seid die Mafia. Ihr denkt, ihr seid stark. Ihr denkt, ihr seid ganze Kerle“, sagte er. „So ist es nicht. Hier bin ich der Boß!“

Er ging weiter und schlug sich auf die Brust.

„Ich bin der Boß und ihr *werdet* mir gehorchen. Wenn ich euch auffordere zu scheißen, dann werdet ihr scheißen.

Niemand legt sich mit mir an. Legt euch mit mir an, und ihr seid tot!“

Ich glaubte ihm. Jeder, der sadistisch genug war, einen Mann zu demütigen, indem er ihm befahl, vor 100 Häftlingen zu masturbieren, war nicht nur ein kranker Idiot, sondern jemand, dem es Freude bereitete, Menschen einfach so umzubringen.

Das thailändische Justizsystem ist brutal, es ist aber auch ein großes Geschäft. Bullen, Anwälte, Wärter und Gefängnisdirektoren werden immer versuchen, so viel Geld wie möglich aus einem herauszuholen.

Als ich verhaftet wurde, hatte man mir gesagt, daß ich gegen eine Zahlung von 300.000 Baht freigelassen werden würde. Wenn ich zahlte, würde ich freikommen. Aber ich hatte das Geld nicht, also ging ich ins Gefängnis. So einfach war das.

Jetzt weiß ich, daß es viele Fälle wie meinen gibt.

In Thailand müssen Sie noch nicht einmal ein Verbrechen begehen, um ins Gefängnis zu kommen. Manchmal wird man hochgenommen, weil sie hoffen, daß man ein paar Baht bezahlt – oder nicht bezahlen kann. Sie müssen nur im falschen Moment am falschen Ort sein.

Ich gebe Ihnen ein Beispiel.

Kevin, ein Engländer, war nach einer Tour um die Häuser auf dem Weg nach Hause und machte Halt für ein letztes Bier vor dem Schlafengehen. Als er in der Bar saß, wurde er von einer Prostituierten angesprochen, er lehnte ihren Service ab.

Fünf Minuten später kam sie zurück – mit einem Bullen im Schlepptau. Sie behauptete, Kevin habe ihre Zigaretten gestohlen. Er wurde durchsucht, keine Zigaretten wurden gefunden. Die Dame war über den Verlust ihrer Zigaretten mehr als erschüttert, und daher wurde Kevin gebeten, 3000 Baht Schadenersatz zu zahlen.

Er weigerte sich. Er hatte die Zigaretten nicht genommen, selbst wenn, dann wäre die Schachtel kaum mehr als 30 Baht wert gewesen.

Kevin wurde verhaftet, wegen Diebstahls angeklagt und ins Gefängnis gebracht.

Zwei Wochen später zahlte er.

Bei Ausländern ist es am Schlimmsten. Wenn es zwischen einem Thai und einem Ausländer eine Auseinandersetzung gibt, dann wird immer der Ausländer verhaftet. Es ist nicht so, daß die Bullen auf Seiten der Thais stehen oder keine Ausländer mögen.

Es geht einfach ums Geld, wie ich später verstand.

Ausländer haben welches, Thais nicht. Es gibt für Bullen keinen Grund, einen Thai zu verhaften. Er hat kein Geld. Der Bulle wird immer den Ausländer verhaften, denn der kann zahlen. Und die Chancen stehen gut, daß er nach ein oder zwei Tagen im thailändischen Justizsystem auch zahlt.

In Thailand ist Gerechtigkeit eine rein mathematische Angelegenheit.

# 1

Ich führte wohl kaum ein normales Leben im eigentlichen Sinne. Aber bevor der Alptraum begann, war ich ein ganz normaler Geschäftsmann.

Meine Familie stammte ursprünglich aus dem Landkreis Monaghan in Irland, zog wegen der Arbeit aber nach Liverpool. Es handelte sich um eine normale Arbeiterfamilie: nicht reich, nicht arm.

Mein Vater, Tommy Senior, begann als Brotlieferant. Er lieferte Brot in die Viertel der Arbeiterklasse in Merseyside, schließlich qualifizierte er sich als Schweißer und arbeitete ein paar Jahre auf den Docks und in Fabriken.

Er verließ Liverpool, als ihm ein Job in einer neuen Fabrik angeboten wurde, später arbeitete er in Atomkraftwerken.

Meine Mutter hieß Maisie. Wie es die Tradition damals wollte, blieb sie zu Hause und kümmerte sich um ihre Kinder.

Ich war das dritte von fünf Kindern. Meine Schwester Mary war die Älteste, gefolgt von meinem Bruder Tommy. Dann waren da noch meine jüngeren Brüder Brendan und Paul.

Wir verlebten eine ziemlich privilegierte Kindheit. Als ich sechs Jahre alt war, kauften meine Eltern ihr erstes Haus in Manchester, dort lebten wir fast während meiner gesamten Schulzeit.

Mein Vater arbeitete damals oft in Saudi Arabien, Algerien und in ganz Europa.

Er war engagiert und gründete irgendwann mit seinem besten Freund eine eigene Firma, Martin and Goodwin, die Aufträge erhielt, wenn Baumaschinen benötigt wurden.

Wie die meisten irischen Emigranten, standen meine Eltern in engem Kontakt mit dem Rest der vielen Verwandten in Irland. Jedes Jahr fuhren wir in den großen Ferien dorthin, so wie die meisten irischen Familien.

Ich glaube, meine Eltern hatten immer davon geträumt, nach Irland zurückzukehren und dort ihr eigenes Geschäft zu eröffnen.

1975 erfüllte sich endlich dieser Traum für sie, als sie einen Pub in Carrickmacross im Landkreis Monaghan kauften. In diesem Sommer packten wir und zogen nach Irland. Mein Vater verkaufte seinen Anteil der Firma an Tony Goodwin und erwarb den Murray's Pub.

Während mein Vater und meine Mutter ihrem täglichen Geschäft im Pub nachgingen, nahmen wir Kinder die Stadt im Sturm – insbesondere die Jungen. Ich war etwa 15 Jahre alt, fand mich aber sehr schnell in Carrickmacross zurecht.

Auch wenn wir öfter Häuser gewechselt oder in andere Städte gezogen sind, würde ich sagen, daß ich insgesamt eine normale Kindheit hatte.

Letztendlich war es die Karriere, die mich nach Thailand führte. Nach der Schule ging ich nach England, arbeitete auf einigen Baustellen und ein paar Jahre auf dem Flughafen Heathrow. Damals gab es in Irland keine Jobs. Viele junge Leute emigrierten, um Arbeit zu finden.

Schließlich bekam ich einen Ausbildungsplatz als Rohrleger.

Ein Teil der Ausbildung umfaßte das Handwerk des Schweißens. Alles, was ich herstellte, mußte geschweißt werden. Ich muß zugeben, ich wollte nie Schweißer werden wie mein Vater. Eigentlich wollte ich das am Allerwenigsten, und war ziemlich überrascht, als ich merkte, daß ich das ziemlich gut konnte.

Ich arbeitete in den Jahren darauf für mehrere Firmen, und als ich 21 war, bekam ich die Möglichkeit, Offshore auf Bohrinseln und Schiffen zu arbeiten und Pipelines in der Nordsee zu verlegen.

Dabei handelte es sich meist um Saisonarbeiten, sechs oder sieben Monate im Jahr, so lange das Wetter gut war. Im Winter ist die See zu schwer, um Pipelines zu verlegen, so blieb ich lange Zeit zu Hause. Dort nahm ich an Fortbildungskursen teil und lernte.

Nach rund vier Jahren wurde ich schließlich Pipeline-Schweißer, das ist nicht einfach. Diese Schweißer werden als die besten in der Welt angesehen, es gibt um sie einen heftigen Wettbewerb.

Ein Pipeline-Schweißer darf sich null Fehler erlauben, null Defekte. Jede Schwcißnaht muß 100prozentig sein, sie wird mit Röntgenstrahlen durchleuchtet und getestet. Wenn zu viele Schweißnähte defekt sind, wird man gefeuert. Die Kosten für die Verlegung einer Pipeline sind enorm, da gibt es keinen Spielraum für Fehler.

Ich verdiente in diesen Jahren Offshore viel Geld und lernte eine Menge gute Freunde kennen.

Als jedoch mein Sohn Jason geboren wurde, quittierte ich den Dienst. Mein Vater hatte außerhalb gearbeitet, als ich ein Kind war, ich wollte nicht verpassen, wie mein Sohn heranwuchs.

Zwei Jahre zuvor hatte ich Jasons Mutter, Paula, getroffen. Wir verstanden uns gut. Paula war aus Crossmanglen in South Armagh, kurz hinter der Grenze in Nordirland.

Wir wollten nichts überstürzen, was Heirat betraf, und erst als sie mit unserem Sohn Carl schwanger war, entschieden wir uns, den Ehebund zu schließen.

Nachdem mein Sohn Jason geboren worden war, arbeitete ich in der Gegend, in Dundalk, Castleblayney und Newry, auch in Dublin.

Aber damals konnten Schweißer in Irland nicht wirklich viel Geld verdienen, daher sah ich mich gezwungen, in anderen Ländern nach Arbeit Ausschau zu halten: Holland, Belgien und Deutschland.

Das führte Zuhause zu Spannungen. Meine Frau haßte das Klingeln des Telefons, denn das bedeutete meistens, jemand bot mir irgendwo einen Job ab.

Manchmal arbeitete ich als Schweißer, manchmal als Vorarbeiter oder Vorgesetzter. Manchmal blieb ich zu Hause. Alles hing vom Geld ab und wie sehr wir es brauchten. Wenn genug Geld gezahlt wurde, saß ich am nächsten Morgen im Flugzeug. Wie ich schon sagte, meine Frau haßte das Klingeln des Telefons.

So lange ich jung war, wollte ich so viel Geld wie möglich verdienen. Je größer die Erfahrung, um so schwieriger manchmal, einen Job zu finden.

Ich wollte schon immer viel Geld verdienen, so lange ich physisch dazu fähig war.

Niemals interessierte ich mich für einen Bürojob. Man kann 20 Jahre für seine Firma leben, aber wenn es ein Problem gibt oder keine Arbeit, dann steht man wie jeder andere vor der Tür. So etwas wollte ich nicht, ich arbeitete nur für mich.

Ich gewährte eine Dienstleistung, eine Firma stellte mich ein und vergütete meine Arbeitsleistung, aber wenn sie zuwenig zahlten oder ich die Bedingungen nicht mochte, arbeitete ich für eine andere Firma.

Dieses Prinzip gab ich nicht auf. Ich konnte reisen, und beherzt baute ich mein eigenes Geschäft auf.

Schließlich arbeitete ich in Holland als mein eigener Chef. Firmen stellten mich ein, um Bauprojekte zu überwachen oder ich arbeitete als Berater. Manchmal fragten sie mich nach Arbeitern, und ich versuchte, die richtigen Leute zu finden.

Nach etwa einem Jahr entschloß ich mich, meine eigene Leiharbeiter-Firma zu eröffnen. Kurz nach meiner Heirat mit Paula ließ ich die Familie nach Holland nachkommen.

Meine Firma nannte ich Spectac Welding and Construction (Holland). Ein schwieriger Schritt.

Die Firma verlieh größtenteils Arbeiter an Baufirmen. Wenn die Zeiten schwierig waren, arbeitete ich selbst als Schweißer, um über die Runden zu kommen, aber mein Herz war immer bei der Firma.

Wir waren eine glückliche Familie. Meine Frau war froh, in Holland zu leben. Mein Sohn Jason lernte Holländisch und ging auf eine Privatschule.

Mein zweiter Sohn, Carl, war noch zu jung für die Schule, aber es dauerte nicht lange, bis er zu Hause Gesellschaft von einer Schwester bekam: Nicole.

Wir waren eine durchschnittliche Familie und fanden unseren Weg in der Welt. Mal ging es der Firma besser, mal schlechter. Aber schließlich etablierte sich Spectac und wurde ein profitables Unternehmen. Ich war ein gemachter Mann.

Ich verbrachte viel Zeit damit, nach neuen Kontrakten zu suchen, denn wenn ein Job erledigt war, wurden die Arbeiter frei und mußten woanders untergebracht werden.

Im Sommer 1994 fiel mir eine Anzeige in der holländischen Presse auf. Sie stammte von einer thailändischen Firma namens Offshore Construction Services – OCS.

Zu dieser Zeit glaubte ich an eine legitime Firma, mußte später jedoch feststellen, daß der Name entweder übernommen oder gestohlen worden war oder von einer Gruppe von Betrügern benutzt wurde.

In der Anzeige wurde erklärt, es gebe einen Mangel an ausgebildeten Facharbeitern in Asien, und man bemühe sich darum, europäische Firmen für Arbeiten in der Region zu interessieren.

Zuerst beachtete ich die Anzeige nicht, weil ich glaubte, sie gelte nur für große Baufirmen. OCS würde wohl kaum mit Firmen zusammenarbeiten wollen, die so klein waren wie meine.

Zwei Monate später erschien die Anzeige ein weiteres Mal. Dieses Mal las ich sie genau durch und dachte: „Was soll's."

Ich schickte einen Brief, in dem ich mich vorstellte, zusammen mit einem Prospekt, in dem erklärt wurde, welche Arten von Dienstleistungen wir anboten und welche Arbeiten das Personal verrichtete. Ich war mir nicht sicher, ob OCS antworten würde, aber ein Versuch konnte nicht schaden.

Nach etwa einem Monat antwortete OCS. Man sei dort sehr beeindruckt von den Fähigkeiten des Personals, man wolle sich bei einem Treffen persönlich über die Angelegenheit unterhalten.

Ich freute mich. Ein Vertrag mit einer großen Firma wie dieser würde meiner Reputation zugute kommen. Fast sofort flog ich nach Thailand.

Niemand hatte mir gesagt, daß Bangkok die Hauptstadt der Kriminellen Asiens war. Nur oberflächlich wußte ich etwas über die Stadt. Ich wußte nichts über die thailändische Schattenwirtschaft und die damit verbundenen Gefahren, wenn man dort Geschäfte tätigte. Nach einiger Zeit sollte ich herausfinden, daß Bangkok eine Stadt war, in der alles seinen Preis hatte. Zunächst übersah ich die Tatsache, daß Geldwäsche und organisiertes Verbrechen das Herz der thailändischen Wirtschaft waren. Während es einerseits selten zu Blutvergießen zwischen Bandenmitgliedern kam, war Bangkok andererseits düster und gefährlich. Besucher sahen das selten. Als ich nach Bangkok kam, machte sich das organisierte Verbrechen dort breit und arbeitete mit den korrupten Behörden Hand in Hand. Die Stadt wurde zum Paradies für alle möglichen Kriminellen. Wenn ich gewußt hätte, daß ausländische kriminelle Vereinigungen in Bangkok ihr Unwesen trieben, wäre ich nie dorthin gefahren. Ich dachte immer, Bangkok sei eine unbeschwerte Stadt. Das aber war sie nicht – und das war mein verhängnisvoller Fehler.

Bangkok, gut zu erreichen, verband Süd- und Ostasien miteinander und prahlte mit ausgebauten Straßen und guten Telekommunikationsverbindungen. Ein idealer Platz für Banden, die sich vernetzen wollten, mit Drogen handelten oder Betrügereien begingen. Diese Mafiosi mischten sich unter die vielen ausländischen Geschäftsleute, eine Armee, bestehend aus Chinesen, Taiwanesen, Russen, Koreanern, Europäern, Nigerianern, Kolumbianern, Australiern und Neuseeländern. Sie kleideten sich wie Geschäftsleute oder Investoren, und viele der Kriminellen wohnten dort schon lange Zeit.

Sie kontrollierten den Schwarzmarkt und waren verantwortlich für Betrügereien in der Region. Sie konnten alles arrangieren.

Wenn sie mit Heroin handelten, produzierten sie gefälschte Markenartikel und Textilien: Produkte von Nike, Polo, Lacoste, Christian Dior und Microsoft wurden massenweise in Fabriken der Stadt gefälscht. Die Thais waren so gut, daß sie sogar anfingen, pharmazeutische Artikel, Zigaretten und Alkohol zu imitieren. Sie stellten sogar gefälschte Computerteile her.

Diese Kriminellen waren gegenüber Strafverfolgung immun, denn die Justiz war langsam, und Zahlungen unter dem Tisch ließen freundliche Polizeioffiziere erblinden. Die Kriminalität breitete sich wie ein Virus in den Adern Bangkoks aus. Inzwischen weiß ich das, aber damals war ich völlig sorglos, was die Gefahren des Fernen Ostens anbelangte.

Jetzt könnte ich in Bangkok nicht mehr untergehen, wenn ich es denn noch einmal versuchen würde, aber damals erging es mir wie vielen anderen, die völlig naiv das erste Mal in die Stadt kamen.

Zwar hatte ich schon mehrere Länder bereist, aber so etwas hatte ich noch nie gesehen. Ich muß zugeben, daß ich schlicht überwältigt von der Anzahl der Menschen war, die dort lebten. Schon auf dem Flughafen war es wie irre, ein Meer aus Menschenmassen. Überall waren Leute, alle riefen etwas und drängten durch die Gänge. Die Hitze ist mir aber besonders in Erinnerung geblieben.

Als ich nach meiner Ankunft am Nachmittag zu meinem Hotel fuhr, durchtränkte Schweiß meine Kleidung. So eine Hitze hatte ich noch nie erlebt. Die durchschnittliche Tagestemperatur in Bangkok unterschritt im ganzen Jahr selten 30 Grad Celsius, abends oder nachts war es kaum kühler. Doch die Sonne schien nicht, der Himmel war an diesem Tag grau und bezogen. Die Hitze, zusammen mit der Feuchtigkeit und der Luftverschmutzung, machte es beinahe unmöglich zu atmen.

Ich kann mich auch daran erinnern, daß ich von der Größe der Stadt überwältigt war. Die endlosen Wolkenkratzer, die verstopften Flyover und etwas, das ich nur mit Unruhe beschreiben kann, stießen mich ab, faszinierten mich aber gleichzeitig.

Prostituierte standen an jeder Straßenecke. Überall waren Menschen. Es gab keinen Raum. Riesige Reklametafeln machten Werbung für westliche Produkte, man brauchte aber nicht lange suchen, um zu erkennen, daß es sich um eine asiatische Stadt handelte. Zwischen den Hochhäusern standen Tempel und Schreine, letztere praktisch vor jedem

Gebäude, um diesem Glück zu verheißen. Der Ort war lebendig. Ich sah buddhistische Mönche, die zusammen mit einem Elefanten durch den Autoverkehr spazierten.

Selbst der Verkehr war überwältigend. Als ich im Taxi saß, war ich in einem ständigen Stau gefangen, den mein Fahrer als *rot dit* bezeichnete. Verkehrsstaus gehörten in Bangkok zum Leben dazu. Kurze Strecken, die man in 20 Minuten bewältigen könnte, dauerten dort über eine Stunde, selbst wenn man nicht in den Stoßzeiten unterwegs war.

Thais liefen selten längere Strecken, daher explodierte das Aufkommen von Autos, Bussen, Taxis und Tuk-Tuks, die motorisierten Dreirad-Rikschas. All das machte die Verkehrsstaus und die Luftverschmutzung noch schlimmer.

Die Kombination aus Verkehr, Hitze, Feuchtigkeit, Krach, Dreck, Luftverschmutzung und die Häßlichkeit der Stadt führte dazu, daß ich Bangkok kurz nach meiner Ankunft am liebsten sofort wieder verlassen hätte. Ich konnte es kaum erwarten, in einer Zuflucht in Form meines Hotels anzukommen, weil ich wußte, daß es dort eine Klimaanlage gab. Ein Teil von mir bewunderte jedoch die Stadt, und mein Interesse wurde geweckt. Als ich an diesem Nachmittag in mein Hotel eincheckte, dachte ich, und daran erinnere ich mich noch, daß dies eine Stadt mit vielen Möglichkeiten war.

Ich wurde in meinem Hotel von einem Mitarbeiter von OCS abgeholt, er stellte sich als Ronnie Hayes vor. Er war Australier, Ende 50, schlank, etwas über 1,80 Meter (so groß wie ich), und er hatte graue Haare.

Er trug einen guten Anzug – vermutlich maßgeschneidert – und jede Menge Goldschmuck. Etwas zu aufdringlich für meinen Geschmack, aber ihm stand das.

Hayes sagte, er sei der Chef der Ingenieurabteilung. Wir aßen zusammen Mittag und wollten uns am nächsten Morgen im Büro der OCS in der Innenstadt von Bangkok treffen. Erst später bekam ich heraus, daß der Name falsch war.

Das Büro sah aus, wie man es erwarten konnte. Geschäftig und professionell, etwa 15 Sekretärinnen und Büropersonal saßen an Computern und erledigten die täglichen Arbeiten.

Ich wurde dem Personalmanager vorgestellt, dem Offshore-Koordinator, dem Buchhalter und dem Geschäftsführer Gerald O'Connor.

O'Connor war 1,70 Meter groß und gebaut wie ein Rugby-Spieler. Er war deutlich jünger als Hayes, Ende 30 – in etwa so alt wie ich.

Unsere Unterredung war produktiv, wir sprachen über Themen wie Sicherheitsmaßnahmen, Arbeitserlaubnisse, Termine und andere Planungen.

Ich hatte über acht Jahre Offshore gearbeitet, Spectac hatte einige hochqualifizierte Offshore-Arbeiter angestellt, daher schien nichts, worüber wir sprachen, allzu schwierig zu sein.

Wir kamen zu dem Ergebnis, daß Spectac 250 Arbeiter für diverse OCS-Projekte zur Verfügung stellen würde, gleichzeitig sollten weitere 250 Arbeiter zur Ablösung bereit stehen. Der Wechsel sollte jeden Monat stattfinden.

Als ich Bangkok verließ, glaubte ich, ein gutes Geschäft in der Tasche zu haben.

OCS versprach, mich zu kontaktieren, sobald dort die internen Gespräche abgeschlossen waren. Sicherlich wollte man dort auch noch mit anderen Firmen reden.

Während unseres Treffens hatte O'Connor gesagt, daß Spectac zunächst von der OCS-Zentrale in Chicago in den USA den Zuschlag bekommen müsse. Ich dachte über die Angelegenheit nicht weiter nach, war aber ziemlich zuversichtlich.

Etwa zwei oder drei Wochen später bekam ich ein Telefax von OCS, ich wurde nach Thailand eingeladen, um dort über einige Konstruktionszeichnungen zu sprechen.

Das Treffen verlief gut, und ich wurde darüber informiert, daß OCS äußerst interessiert daran war, mit Spectac zusammenzuarbeiten. Wieder flog ich sehr hoffnungsvoll nach Hause.

Einige Wochen später, im Oktober, bekam ich erneut ein Telefax. Wieder sollte ich nach Thailand kommen, um noch einmal Konstruktionspläne zu besprechen. Das Telefax deutete eine positive Antwort aus der Zentrale in Chicago an. Gespannt flog ich nach Bangkok.

Als ich ankam, wurde ich darüber informiert, daß die Entscheidung in der Tat positiv ausgefallen war. Das OCS-Büro in Chicago war von den vielerlei Arten der Dienstleistungen, die wir anboten, beeindruckt. Allerdings, so wurde mir gesagt, sei ich angehalten, einen ziemlich großen Stapel von Papierkram zu erledigen.

Wenn OCS einen Vertrag mit Spectac abschloß, würde das für OCS ziemlich kostspielig werden. Daher mußte für jeden Arbeiter ein ärztliches Attest beigebracht werden, daß er fit für die Arbeit war, er brauchte eine Bescheinigung über die Teilnahme an einem Offshore-Überlebenstrainingskurs, eine Offshore-Arbeitserlaubnis, ein Zeugnis über die Fähigkeiten als Schweißer und eine Erlaubnis, in Thailand arbeiten zu dürfen.

Sie würden die Kosten für Versicherungen übernehmen, die Flugtickets und die Hotelrechnungen bezahlen. Während man auf die diversen Unterlagen wartete, durfte niemand arbeiten, nicht in Thailand und auch nicht vor der Küste. Und man mußte in Thailand sein, um sie zu bekommen – das sollte mindestens zwei Wochen dauern.

Wegen der auf OCS zukommenden Ausgaben war man dort darüber besorgt, daß das Personal möglicherweise nicht erfahren genug war, um alle Erlaubnisse zu bekommen. Auch wurde gefragt, ob die Arbeiter gewillt waren, die Vertragslaufzeit einzuhalten. Wenn sie irgendwann verschwanden, dann mußte Ersatz beschafft werden. Das war teuer und kostete Zeit.

In Anbetracht all dessen mußte ein Kompromiß gefunden werden. OCS bestand darauf, daß Spectac eine Kaution in Höhe von 100.000 US-Dollar hinterlegte, was dort als „Integritäts-Bürgschaft“ bezeichnet wurde.

Das würde sicherstellen, daß wir nur erfahrenes und qualifiziertes Personal für OCS arbeiten ließen. Die Kaution würde verfallen, wenn wir nicht die Arbeiter besorgen konnten, die die geforderten Qualitäten auswiesen.

Weiterhin sollte jeder Arbeiter eine eigene Integritäts-Bürgschaft von 12.000 US-Dollar hinterlegen, um sicherzustellen, daß er nicht vor Ablauf des Vertrages kündigte.

OCS sagte, wenn Spectac die Summe für die Arbeiter übernehme, würde es sie nicht interessieren, falls die Firma Geld verliere. Wenn es aber ihr eigenes wäre, würden die Arbeiter darüber nachdenken, ob sie wirklich kündigen wollten.

Die 100.000 Dollar für Spectac fielen in meinen Aufgabenbereich, ich konnte aber nicht für meine Arbeiter antworten. Ich mußte ihnen das vortragen und ausloten, ob sie willig und fähig waren, jeder 12.000 Dollar zu hinterlegen.

Mir war klar, daß das problematisch werden würde, aber OCS war unerbittlich. Ich bot an, die Kaution seitens Spectac zu verdoppeln, dieser Vorschlag wurde abgelehnt. Das würde die Arbeiter nicht davon abhalten, kurzfristig zu kündigen.

Nach längeren Diskussionen war es mir möglich, OCS dazu zu bewegen, sofern die Arbeiter dem Arrangement überhaupt zustimmten, ihnen die Kaution im Laufe der Zeit zu erstatten, und nicht erst am Ende der Vertragslaufzeit.

Die Männer würden die Kaution zahlen, diese würde aber in vier Raten à 3000 Dollar alle drei Monate zurückbezahlt werden. Mehr konnte ich nicht herausholen. Ich rechnete mir aus, daß wir die Hinterlegung der Kaution möglicherweise noch abwenden oder zumindest reduzieren konnten, wenn wir bewiesen, daß unsere Arbeiter alle den gewünschten Qualifikationen entsprachen.

Ich war nicht sehr beglückt darüber, erkundigte mich und fand heraus, daß es in Asien offenbar nicht unüblich war, eine Kaution bei derartigen Geschäften zu verlangen. Nicht alle Firmen bestanden darauf, viele aber doch. Alles in allem klang das plausibel.

Ich kehrte nach Holland zurück und besprach mich mit meinen Mitarbeitern. Der ursprüngliche Vertrag sah eine Laufzeit von einem Jahr vor, um einen Schleppkahn mit einem Kran zu bauen, aber OCS hatte versprochen, falls Spectac zur Zufriedenheit arbeitete, weitere Aufträge zu vergeben, die 500 Männer involvierten.

Ich hatte keine 100.000 Dollar in Reserve, ich mußte einen Kredit aufnehmen.

In der Zwischenzeit arbeitete mein Rechtsanwalt eine Garantieerklärung aus, die ich in den Vertrag einfügte. Danach sollte OCS einen Betrag, der der Kautionssumme entsprach, auf ein noch zu benennendes Konto einzahlen, die Bank agierte als Bürge. OCS in Thailand war einverstanden, man mußte noch das Einverständnis aus Chicago einholen, dies sei aber nur eine Formalität.

OCS bot Spectac einen Vorvertrag an, der eigentliche Vertrag sollte nach Einverständniserklärung unterzeichnet werden. Vertragsbeginn war der 1. Dezember, etwas zu nahe an Weihnachten, fand ich, weil die Männer dann von zu Hause so weit weg sein würden. OCS meinte, die Arbeiter müßten ein paar Wochen vor dem eigentlichen Arbeitsbeginn Anfang Januar vor Ort sein.

Nun war ich an der Reihe. Ich mußte Arbeiter finden, die bereit waren, die Kaution zu hinterlegen.

Zuerst sah ich mich bei unseren eigenen Leuten um, schaltete aber auch eine Anzeige in der holländischen Presse. Die Resonanz, die ich erhielt, war gut, aber als die Arbeiter von der Kaution hörten, verloren die meisten von ihnen das Interesse.

Niemand fand, daß die Kaution eine gute Idee sei, aber als ich ausführte, welche Gründe sich dahinter verbargen und ferner andeutete, daß die Kaution quartalsweise in Raten zurückbezahlt werden würde, verstanden die meisten Männer diese Forderung der OCS.

Auch ich mochte die Kautionsklausel in dem Vertrag nicht, aber OCS ließ mir keine andere Wahl. Die gesamte Summe mußte bezahlt werden. 30 Männer waren damit einverstanden, an dem Projekt zu arbeiten.

Ich hielt mich für einen ausgekochten Geschäftsmann. Als die Verhandlungen mit OCS begannen, stellte ich diskrete Ermittlungen an.

Ich fand heraus, daß OCS eine registrierte Firma war. Es wurde bestätigt, daß es Firmensitze in Chicago und New York gab. Die Miete, das Telefon etc. wurden im Namen von OCS bezahlt. Die Konstruktionspläne waren echt.

Ich schickte sogar eine Kopie von Gerald O'Connors Paß an die irische Botschaft in Kuala Lumpur und ließ mir bestätigen, daß er echt war.

Ohne ins andere Extrem zu fallen und Privatdetektive anzuheuern, die O'Connor und Hayes ausspionierten, konnte ich nicht viel mehr tun. Jedenfalls nicht diskret. Jeder Punkt, den ich überprüfte, erschien positiv.

Nun kam der Tag, und Spectac war bereit, die Arbeiter nach Asien zu schicken. Wir brauchten nur noch das Einverständnis aus Chicago. Schließlich bekam ich ein Telefax von OCS, mir wurde gesagt, Chicago habe sich mit dem Vertrag einverstanden erklärt. Sie wollten nun, daß Spectac die Männer nach Thailand bringt.

Am nächsten Morgen bekam ich noch ein Telefax. OCS habe seinen Teil des Vertrages erfüllt und sei nun unter Druck seitens der Zentrale, damit „endlich mit dem Job angefangen wird."

OCS habe Spectac die Möglichkeit für kontinuierliche Arbeit geliefert, hieß es. Sie hätten alle Belange der Vereinbarung erfüllt. Wenn Spectac ein Geschäft mit OCS abwickeln wolle, dann müßte nun die Kaution gezahlt werden und die Männer sollten am Projekt arbeiten. Jeder Tag Verzögerung koste OCS Hunderttausende von Dollar Produktionsverlust, Gebühren und Ausgaben.

Dieses Telefax überraschte mich. Spectac hatte nur gezögert, weil wir auf die Einverständniserklärung von OCS warteten. Ich fand, daß dies ein merkwürdiger Weg war, ein Geschäft abzuwickeln. Der Ton in dem Telefax zielte offensichtlich darauf ab, daß Spectac die Kautionszahlung endlich auf das Treuhandkonto überweisen sollte.

OCS hatte dafür eine obskure Bank irgendwo in Polynesien als Bürge eingesetzt. Ich bemühte meine Bank, das zu überprüfen. Sie sagten mir, ja, dieser Ort existiere und ja, es sei aus steuerlichen Gründen üblich, diese kleine Bank zu betrauen. Meine Banker hatten sich wegen der Zeitverschiebung noch nicht mit der polynesischen Bank in Verbindung gesetzt, ich war dennoch nicht beunruhigt, denn sie arbeiteten daran und würden mich ein oder zwei Tage später kontaktieren.

Ich wollte die OCS nicht vor den Kopf stoßen, mußte die polynesische Bank aber erst überprüfen lassen. Währenddessen wartete OCS auf eine Antwort und beschwerte sich über mögliche Verzögerungen.

Eine Entscheidung mußte getroffen werden, so oder so. Sollten wir fliegen? Oder sollten wir uns aus dem Vertrag zurückziehen? Irgend jemand muß schließlich immer eine Entscheidung treffen, und die fällte ich als Geschäftsführer von Spectac. Ich trug dafür Sorge, daß die Kaution in Höhe von 100.000 Dollar sofort bezahlt wurde.

# 2

Ich entschloß mich, mit der ersten Gruppe von Männern nach Thailand zu fliegen. Falls irgendwelche Probleme auftauchten, war es mir auf diese Weise möglich, mich vor Ort darum zu kümmern.

Ich setzte mich mit den Arbeitern in Verbindung und sagte ihnen, sie sollten sich bereit machen, in zwei Gruppen mit jeweils 15 Leuten zu fliegen. Die erste Gruppe sollte mit mir zusammen reisen, die zweite Gruppe ein paar Tage später folgen. 30 Mann in einer Gruppe waren einfach zu viel, was Flüge, Gepäck, Taxis und Hotelzimmer anbelangte. Jeder sagte, er sei bereit und habe die 12.000 Dollar.

Ich verabredete mich am Flughafen Schiphol in Amsterdam, von dort wollten wir gemeinsam nach Bangkok fliegen.

Am fraglichen Tag warte ich mit auf dem Flughafen mit Hadawji, der Personalmanagerin von Spectac. Wir verteilten die Tickets und Verträge und überprüften die Pässe der Männer.

Alles lief glatt, bis ich die Männer nach der Kaution fragte. Ich wollte das Geld einsammeln und dieses in einer Summe verzollen. Ich hatte keine Lust, 15 verschiedene Deklarationen auszufüllen oder zu riskieren, daß jemand versuchte, Bargeld aus dem Land zu schmuggeln.

Ich bat die Männer, Dollar mitzubringen, weil ich keine Probleme oder Verzögerungen wollte, nur weil jemand so schlau war, irgendeine Fremdwährung dabei zu haben.

Aber ich sah mich mit einem weit größeren Problem konfrontiert.

Die meisten Männer hatten gelogen. Von den 15 hatten nur zwei oder drei das Geld bei sich. Einige hatten die Hälfte, andere mehrere Tausend. Einer von ihnen nur 2000 Dollar.

Um ehrlich zu sein, ich hatte den Drang, einfach wegzulaufen und nach Hause zu fahren. Zu schreien und von einem Fuß auf den anderen zu hüpfen half auch nicht weiter. Ich war wütend!

Mit diesen Männern hatte ich wochenlang telefoniert.

„Kein Problem“, hatten sie gesagt. „Ich habe das Geld. Wann geht es los?“

Nun standen sie mit ausdruckslosen Gesichtern und leeren Taschen am Flughafen.

Zwei Möglichkeiten blieben mir. Entweder fuhr ich nach Hause oder ich ließ mir etwas einfallen.

Ich besprach mich mit Hadawji, und wir trafen eine Entscheidung. Spectac würde die Differenz für jeden Mann übernehmen und diese von seinem Lohn abziehen. Immerhin hatten wir Flugtickets gekauft und Hotelzimmer reserviert. Wenn ich das rückgängig machte, kostete es Spectac wahrscheinlich genauso viel.

Während das Geld eingesammelt wurde und die Männer Quittungen erhielten, brachten sie ihre Entschuldigungen vor. Da gab es viele verschiedene. Einige sagten, sie konnten das Geld in der kurzen Zeit nicht zusammenkratzen, andere hatten Angst, es zu verlieren.

Wir lösten das Geldproblem noch gerade rechtzeitig vor dem Start der Maschine nach Bangkok.

Am nächsten Nachmittag landeten wir in Südostasien.

Nachdem sich alle in ihren Hotelzimmern eingerichtet hatten, traf sich das gesamte Team. Ich entschied, welche Leute Vorgesetzte oder Vorarbeiter sein würden und gab ihnen ein paar Hinweise in bezug auf die thailändische Kultur.

Ich warnte die Männer vor den Gefahren Bangkoks und sagte ihnen, dort seien die Leute nicht immer das, was sie schienen. In Thailand gab es viele Vertreter des dritten Geschlechts – Kathoeys – sie waren manchmal nur schwer zu erkennen. Ich wollte nicht, daß jemand seine neue Eroberung mit aufs Zimmer nahm und dort mehr bekam als erwartet. Viele wußten das bereits oder hatten von Ladyboys – halb Mann, halb Frau – gehört, aber ich wollte das für den Fall der Fälle trotzdem erwähnen.

Am nächsten Tag kam Hayes ins Hotel, um mich zu treffen. Wir verbrachten ein paar Stunden damit, die Lebensläufe der Arbeiter durchzugehen.

Die Männer hatte ich sorgfältig ausgewählt. Die meisten von ihnen besaßen bereits die richtigen Papiere. Ich hoffte, OCS würde Zeit sparen, wenn ich die notwendigen Unterlagen bereits hatte.

Außerdem wollte ich mir so einen Vorteil verschaffen, wenn ich OCS noch einmal über die Notwendigkeit der Kaution fragte. Wenn die Männer vollständige Papiere vorlegten, dann brauchte sich OCS finanziell nur noch um die Arbeitserlaubnis und die Versicherung zu kümmern. Die Fixkosten würden sinken, weil die Männer nicht untätig herumsitzen mußten.

Hayes war beeindruckt, in welcher Weise Spectac vorausdachte. Er war sicher, O'Connor, sein Chef, würde ebenso denken. Natürlich mußten sie überprüfen, ob die thailändischen Behörden die Papiere in dieser Form akzeptierten, er glaubte aber, dies sei kein Problem.

O'Connor kam nicht zu dem Treffen, aber Hayes erklärte sich damit einverstanden, die Arbeiter zu treffen. Sie alle hatten Fragen, die Hayes beantwortete, er lachte und machte Witze während der Sitzung.

Danach brachen die Männer zu einer Stadtrundfahrt auf.

Mit Hayes und O'Connor verabredete ich mich für den nächsten Morgen. Ich wollte das Geld für die Kaution übergeben.

Am nächsten Tag, einem Freitag, kam nur Hayes. Er sagte, O'Connor sei verhindert, weil er sich um einige technische Probleme an einem OCS-Projekt kümmern müsse. Hayes sagte, die Kaution solle an diesem Tag gezahlt werden, damit die Quittung noch vor dem Wochenende nach Chicago geschickt werden konnte. Sonst gäbe es eine Verspätung, und das würde Chicago nicht gern sehen.

Ich erklärte, daß das Original der Bürgschaft noch nicht vorläge, die bräuchte ich aber für unsere Anwälte.

„Keine Sorge“, sagte Hayes. „Gerry hat das Original. Es ist gezeichnet und gesiegelt.“

Wie auch immer, O’Connor würde nicht in Bangkok zurück sein, bevor die Banken schlossen. Dennoch mußte das Geld an diesem Tag bezahlt werden.

„Sehen Sie mal“, sagte Hayes. „Zahlen Sie das Geld heute auf der Bank ein. Den Papierkram schicken wir nach Chicago. Wenn Gerry am Montag zurück ist, können Sie beide die Details ausarbeiten. Sie bekommen Ihre Bürgschaft am Montagmorgen. Daran besteht überhaupt kein Zweifel.“

Ich hatte keinen Grund, ihnen nicht zu trauen, aber das war alles sehr ungewöhnlich.

Auf der anderen Seite hatten sie bislang ihre Versprechen gehalten.

Ich entschied, nicht übervorsichtig zu sein und zahlte das Geld kurz vor Toresschluß auf einem Bankkonto ein.

Ich erinnere mich, daß es ein Freitag war, weil ich dachte, niemand könnte es bis Montagmorgen abheben. Was mich betraf, so glaubte ich, das Geld sei sicher.

Am folgenden Montagmorgen kam wie verabredet das zweite Team in Thailand an.

Hadawji rief mich an, um zu sagen, sie habe die Männer am Flughafen Schiphol in Empfang genommen und wiederum habe nur eine kleine Anzahl von ihnen die geforderten 12.000 Dollar dabei gehabt. Ich sagte ihr, sie solle wie zuvor die Differenz mit Firmengeld von Spectac ausgleichen.

Alles lief glatt. Am Dienstag morgen traf ich mich mit Hayes und O'Connor.

Sie teilten mir mit, die Zahlung sei bei OCS in Chicago eingegangen, die Firma gab grünes Licht, um anzufangen.

Dann übergab mir O'Connor eine Kopie der Original-Bankbürgschaft. Wie versprochen, war sie gezeichnet und gesiegelt. Ich las sie durch, sie glich dem Telefax, das in meinem Büro eingegangen war.

Die Kautionszahlungen meiner Arbeiter hatte ich in einer Aktentasche bei mir, weil wir eigentlich zusammen zur Bank gehen wollten, sobald die Männer am nächsten Tag mit der Arbeit begannen.

O'Connor schlug vor, das Geld nicht im Hotel zu lassen, sondern es über Nacht lieber in den firmeneigenen Tresor in den Büroräumen von OCS einzuschließen. Am Morgen könne es seine Privatsekretärin sofort zur Bank bringen.

Das bedeutete, O'Connor bedingungslos zu vertrauen. Allerdings war die Idee gut. Und warum sollte ich O'Connor nicht vertrauen?

Ich gab ihm meine Aktentasche, O'Connor unterschrieb eine Quittung, ich war keinesfalls mißtrauisch.

In Wahrheit wurde ich aber übers Ohr gehauen. Ich wußte nicht, daß Spectac in Holland mehrmals die Original-Bankbürgschaft verlangt hatte – ohne Erfolg.

Unsere Bank wollte sie sehen. Zwei Tage waren vergangen, ohne daß OCS sich gemeldet hatte.

Ich erfuhr von dem Problem erst, als ich ein Telefax meines Büros erhielt. Darin hieß es, unsere Bank habe immer noch Probleme, die Bank der OCS in Polynesien zu lokalisieren. Auch wenn die Bürgschaft der OCS in Ordnung zu sein schien, wollte die Bank eine offizielle Erklärung, wo genau sich das Geld befand.

Wenn es nicht gelang, die Bank zu finden, sollte ich darüber informiert werden mit dem Zusatz, etwas stimme nicht.

Mir gelang es, O'Connor aus einer Sitzung herauszuholen, um ihn nach der Bank zu fragen. Ich erkundigte mich, weshalb es meinem Büro nicht gelang, den Filialleiter in Polynesien zu finden.

Ich kann mich dunkel daran erinnern, daß O'Connor lachte, als ich ihn das fragte.

„Sie wissen doch, wie das auf diesen Inseln dort ist", sagte er. „Der Filialleiter ist wahrscheinlich Fischen gegangen. Machen Sie sich keine Sorgen, die sind nie mehr als ein oder zwei Tage verschwunden."

Er versicherte mir, alles sei in Ordnung. Wenn ich bis zum nächsten Montag keine Nachricht von der Bank in Polynesien hätte, würde er selbst dort anrufen und alles klären.

Es war der 18. Dezember. Ich machte mir Hoffnungen, daß ich es mit etwas Glück bis Weihnachten nach Hause schaffen konnte.

In der Zwischenzeit rief Hadawji an und sagte mir, daß über 100 Männer sehnsüchtig darauf warteten, für Spectac arbeiten zu können und endlich nach Thailand zu fliegen.

Bislang hatten wir von OCS noch keine müde Mark gesehen, ich aber hatte bereits ein Vermögen ausgegeben. Daher mußte ich dringend etwas Geld verdienen.

Auch machte ich mir langsam Sorgen. Meine Bank versuchte immer noch, die Bürgschaft von OCS zu verifizieren.

Ich sagte O'Connor, ich stünde unter Druck und bat ihn darum, eine erste Rechnung abzuzeichnen, damit ich wieder etwas Luft hatte.

Er versprach, sein Bestes zu tun, was sowohl die Bankbürgschaft als auch die Rechnung anbelangte. Und zwar vor Weihnachten.

Nun, da alle Männer bereit waren, mit der Arbeit zu beginnen, gab es für mich kaum einen Grund, länger in Thailand zu bleiben.

Ich sagte O'Connor, ich würde nach Holland fliegen und Anfang Januar nach Thailand zurückkehren. Er versprach, daß bis zu diesem Zeitpunkt alle Komplikationen gelöst sein würden. Er würde persönlich bei der Bank in Polynesien anrufen und herausfinden, was dort vor sich ging.

Am Tag vor meiner Abreise rief mich O'Connor an und sagte, ein Partner von OCS, ein arabischer Gentleman, sei geschäftlicher in Thailand.

Er habe einige Papiere von Spectac gesehen und auch die Lebensläufe einiger Mitarbeiter. Der Geschäftsmann wolle mich treffen, bevor ich abflog.

Auch das war sehr ungewöhnlich. Ich wollte diesen Typen eigentlich nicht treffen, aber mir blieb kaum eine andere Wahl. Man kann wohl kaum mit einer Firma gute Geschäfte machen, wenn man sich weigerte, deren Partner kennenzulernen. Daher erklärte ich mich einverstanden.

Der Partner fuhr in einer großen, schwarzen Limousine vor meinem Hotel vor. Er war vollständig traditionell arabisch gekleidet. Begleitet wurde er von Hayes, O'Connor und einem Dolmetscher.

Alle wurden vorgestellt, der Dolmetscher erklärte, daß der Gentleman aus Saudi Arabien stamme. Er sei seit mindestens zehn Jahren Geschäftspartner und Hauptaktionär der OCS.

Wie aus heiterem Himmel erklärte er mir, er wolle mein Team an einem anderen Projekt arbeiten lassen – in Saudi Arabien. OCS würde es aber verstehen, wenn die Männer über Weihnachten nach Hause wollten.

Ich war fassungslos. Hunderte von Fragen rasten durch meinen Kopf, es war aber schwierig, mit einem Mann zu diskutieren, der kein Englisch sprach. Ich saß nur da und hörte zu.

Als der Dolmetscher geendet hatte, erklärte ich, es sei für mich unmöglich, sofort zu antworten.

Ich schlug vor, daß wir alles sofort beenden, den Vertrag für null und nichtig erklären, uns dann hinsetzen und einen komplett neuen Vertrag ausarbeiten. Ich würde mit unseren Anwälten reden und natürlich mit den Arbeitern.

Als das Treffen seinem Ende entgegen ging, gab mir der Mann eine in Geschenkpapier eingepackte Schachtel. Der Dolmetscher erklärte, dies sei ein Weihnachtsgeschenk. Ich packte es nicht aus, bedankte mich aber bei dem Mann für seine Freundlichkeit.

Erst nachdem der arabische Geschäftsmann gegangen war, öffnete ich die Schachtel. Sie enthielt eine Rolex-Uhr im Wert von 3000 Dollar.

O'Connor und Hayes blieben, um über die neue Lage zu sprechen. Ich erkundigte mich nach der Bankbürgschaft sowie der hinterlegten Kaution und sagte, die Einzelheiten bezüglich des Vertrages konnten warten.

O'Connor sagte, er sei sich nicht sicher, was das Geld anbelange, er müsse nach Weihnachten mit Chicago Kontakt aufnehmen.

Langsam wurde ich nervös, was den gesamten Deal anbelangte, hatte aber keine andere Wahl, als mich ruhig zu verhalten.

Ich ließ mir nichts anmerken und sagte O'Connor, daß meine Männer ihre Kaution zurück haben wollten, wenn sie über Weihnachten nach Hause flogen, um erst im neuen Jahr wieder anzutreten. Das sei auch völlig verständlich.

Wenn die Kaution im Januar verlangt wurde, dann würde sie zu diesem Zeitpunkt auch gezahlt werden.

O'Connor sah mir in die Augen und sagte, man könne etwas arrangieren.

Ich flog auf die Philippinen, dort waren einige der Männer hingeschickt worden, um zu arbeiten.

Wir trafen uns, und ich erklärte ihnen alles so, wie es mir gesagt worden war. Als sie hörten, sie sollten in Saudi Arabien arbeiten, waren sie genauso überrascht wie ich selbst.

Einer von ihnen hörte sich das alles sehr mißtrauisch an. Schließlich rückte er mit der Sprache heraus.

„Das ist alles sehr merkwürdig“, sagte er. „Ein paar von uns haben vorher schon mal in Saudi gearbeitet. Die Behörden dort sind auf Ausländer im Moment nicht so gut zu sprechen. Sie versuchen, die Anzahl der Gastarbeiter zu beschränken, nicht zu erhöhen.“

Eifriges Kopfnicken der Arbeiter war die Antwort. Ich kannte die Einzelheiten nicht, daher konnte ich nichts dazu sagen.

Auch wenn ich ruhig blieb, wußte ich, daß etwas nicht stimmte. Das alles ergab keinen Sinn.

Ich sagte den Männern, wir würden dafür Sorge tragen, daß OCS sofort die Kaution erstattete. Dann würden wir abwarten, was nach Weihnachten geschehe. Ich wollte ferner das Geld zurückziehen, das ich in Polynesien hinterlegt hatte.

Auch die Männer ahnten, daß etwas nicht stimmte. Einige von ihnen sagten, sie wollten mit mir nach Bangkok fliegen, ihre Kaution abholen und dann über Weihnachten nach Hause fahren. Rückblickend muß ich feststellen, daß sie mir wohl kein Wort von dem glaubten, was ich gesagt hatte.

Ich sagte ihnen, sie konnten mitkommen, wenn sie wollten. Aber sie bestanden darauf, daß ich ihnen die Flugtickets nach Bangkok bezahlte.

Niemand wußte, daß ich pleite war. Ich hatte jeden mir verbliebenen Cent in das Geschäft mit OCE investiert. Ich konnte ihre Flugscheine nicht bezahlen. Außerdem wollte ich nicht 30 Männer um mich herum, die ständig nach ihrer Kaution fragten.

Ich gab ihnen die Wahl. Wenn sie nach Bangkok mitkommen wollten, dann war das in Ordnung, aber das Ticket mußten sie selbst zahlen. Ich konnte mir das einfach nicht leisten.

Außerdem glaubte ich nicht daran, daß es Verzögerungen bei der Kautionsrückzahlung geben würde, demnach war es nicht nötig, daß alle mitkamen.

Aber es war ihre Entscheidung und ihr Geld, daher stritt ich nicht. An diesem Tag war der 22. Dezember.

Am nächsten Morgen kam ich zusammen mit den Männern in Bangkok an. Nach meiner Ankunft rief ich sofort OCS an.

Keine Antwort.

Ich geriet zunächst nicht in Panik, sondern behielt die Nerven. Es war kurz vor Weihnachten. Fast alle Büros in der ganzen Welt hatten geschlossen.

Ich hatte O'Connors Handy-Nummer. Ich rief an, aber ich bekam keinen Anschluß. Ich sagte mir, daß alles in Ordnung sei. In Thailand waren sehr viele Handys im Umlauf, kein Wunder, daß die Netze überlastet waren.

Ich rief Spectac in Holland an und bat darum, ein Telefax an OCS in Chicago zu schicken und auch anzurufen. Aber dort war kein Durchkommen.

Nun geriet ich doch in Panik.

18 meiner Leute waren mit mir zusammen nach Bangkok gekommen, die anderen wollten am nächsten Tag nachkommen. Als sie herausfanden, daß es mir nicht gelang, OCS zu kontaktieren, gerieten auch sie in Panik.

Ich versuchte, die Männer zu beruhigen. Ich erklärte ihnen, es gebe keinen Grund zur Beunruhigung. Sobald ich O'Connor erreichte, würde alles geregelt werden.

In Wahrheit konnte ich nicht einmal richtig denken. Ständig versuchte ich mich selbst zu überzeugen, daß O'Connor und OCS legitim waren. Nur weil jemand nicht ans Telefon ging, sollte man ihn nicht als Kriminellen und Betrüger abstempeln.

Ich redete mir ein, ich läge falsch und sei paranoid.

Ich wollte mir nicht eingestehen, auf eine Bande von Kriminellen hereingefallen zu sein. Eine Firma, die so geschäftsmäßig und professionell geleitet wurde wie OCS, konnte kaum etwas mit Betrügereien zu tun haben. Oder?

Wir warteten und warteten, aber ich konnte O'Connor nicht erreichen. Es gab nicht viel, das wir tun konnten.

Niemand wollte zur Polizei gehen. Ich sagte, O'Connor sei gerade in einem Funkloch. Nicht wirklich ein Verbrechen.

Immer noch versuchte ich, rational zu denken und sagte, wir sollten etwas warten, zumindest ein Weilchen. Wenn O'Connor verschwunden war, dann auch unser Geld. Vermutlich gab es aber keinen Grund, sich Sorgen zu machen. O'Connor hatte sich bestimmt ein paar Tage freigenommen. Immerhin war Weihnachten.

Die Tage vergingen, wir hörten nichts.

Weihnachten war vorbei, und ich verabschiedete mich von der Idee, nach Hause zu meiner Familie zu fliegen. Über Weihnachten hatte ich ständig versucht, O'Connor oder das Büro von OCS zu erreichen. Ohne Erfolg.

Ich betete und betete. Am 27. Dezember wurden die Gebete erhört, so dachte ich. Hadawji rief an und sagte, sie habe ein Telefax aus Chicago erhalten, von O'Connor.

Im Telefax stand, daß er der Firma Spectac und ihren Mitarbeitern Frohe Weihnachten wünschte. Ferner, daß OCS hoffe, daß wir ein Frohen Neues Jahr hätten und man hoffe, weitere Geschäfte mit uns abzuwickeln.

Das hörte sich alles sehr geschäftlich an.

Ich war fassungslos. Nach wie vor hoffte ich, daß mich mein Bauchgefühl täuschte. Ich bat Hadawji darum, in Chicago anzurufen und O'Connor zu verlangen. Sie solle ihm ausrichten, er möge mich sofort anrufen.

Sie rief ein paar Minuten später zurück und sagte, er habe aufgelegt, nachdem sie sich vorgestellt hatte.

Mehr mußte ich nicht wissen. Ich war hereingelegt worden. O’Connor hatte fast eine halbe Million Dollar gestohlen.

Dieses Bild entstand, als ich mit einem Kollegen bei der Touristenpolizei vorsprach, um diese über den Betrug zu informieren.
© Andrew Chant

# 3

Ich konnte es kaum glauben, aber ich wußte, daß ich zum Narren gehalten worden war. OCS hatte 460.000 Dollar gestohlen. O'Connor hatte mich übers Ohr gehauen. Der ganze Deal war ein ausgeklügelter Betrug gewesen. Die Büros, das Personal, die technischen Zeichnungen. Alles ein einziger Schwindel.

Ich ging sofort zur Polizei, dort wurde ich an eine Abteilung verwiesen, die auf Ausländer spezialisiert war, die Touristenpolizei. Ich trug meine Beschwerde vor, am nächsten Morgen sollte ich wiederkommen, sobald sich ein Beamter meines Falles annahm.

Die Männer über die Neuigkeiten zu informieren, war nicht einfach. Wie man ahnen kann, waren sie ziemlich sauer, aber nicht so feindselig wie von mir befürchtet.

Dennoch machten sie mich für alles verantwortlich. Sie sagten, ich hätte sie in die Lage hineingeritten, nun müßte ich sie da wieder herausholen.

Ich bat einige Männer darum, mit mir zusammen Anzeige zu erstatten in der Hoffnung, daß die Angelegenheit dann von der Polizei ernst genommen wurde und mehrere Beamten mit dem Fall beauftragt werden würden. Von den 30 Männern erklärten sich jedoch nur fünf einverstanden. Die anderen taten nichts und erwarteten von mir, daß ich mich um alles kümmerte.

Am nächsten Tag begleitete mich einer der Männer zum Polizeirevier. Ich nahm auch für alle Fälle einen Dolmetscher mit, falls Probleme mit der Polizei auftauchen sollten.

Die Polizei wollte jede Einzelheit wissen, von der Anzeige in der holländischen Zeitung bis hin zu den unbeantworteten Anrufen. Sie stellten jede Frage, die man sich nur vorstellen kann. Wieviel kosteten die Tickets? Wo wohnte ich? Wen traf ich? Wann habe ich das Geld bezahlt? Wieviel? Wo? Wo waren die Verträge? Wo waren die Männer?

Das Verhör dauerte Stunden, Stunden, Stunden. Ich war am Ende des Tages völlig erschöpft – aber es war noch nicht vorbei.

Jeden Tag sollte ich zum Polizeirevier kommen. Dort traf ich pünktlich um 7.30 Uhr ein, und dann mußte ich bis 18 Uhr dortbleiben.

Ich konnte nicht aufhören, daran zu denken, was mir zugestoßen war, und ich machte mir Vorwürfe, daß ich unbedacht gehandelt hatte, weil ich schnell viel Geld verdienen wollte.

Um nicht verrückt zu werden, begann ich, die Betrüger auf eigene Faust zu suchen. Vielleicht ein sinnloses Unterfangen, allein wegen der schieren Größe Bangkoks, aber mehr konnte ich nicht tun.

Nachdem ich den ganzen Tag auf dem Revier verbracht und Fragen beantwortet hatte, ging ich anschließend in Bangkok vier oder fünf Stunden durch Bars und Restaurants und zeigte Fotos von O'Connor und Hayes.

Ich besaß Kopien ihrer Paßbilder. Ich hatte auch ein Foto von Hayes zusammen mit einem Bargirl, das seine Freundin gewesen war.

Jeden Abend begab ich mich auf die Tour. Ich wollte nicht aufgeben, nach ihnen zu suchen. Ich war unermüdlich an der Sache dran.

In Bangkok gibt es Tausende Motorradtaxis, die überall in der Stadt umherfahren. Ich machte Kopien der Fotos und gab sie einigen Fahrern. Wenn sie O'Connor oder Hayes sahen und mich zu ihnen führten, wollte ich eine Belohnung von 12.000 Baht zahlen. Eine Menge Geld für einen Thai.

Die Aussicht auf eine Belohnung ließ die Fahrer aufhorchen, aber die Kriminellen konnte ich trotzdem nicht finden.

Nach ein paar Tagen kam einer der Motorradtaxifahrer zu mir und schwor, er habe Ronnie Hayes gesehen, als dieser in einen Bus nach Pattaya einstieg.

Ich fuhr mit ihm auf seinem Motorrad den ganzen Weg nach Pattaya. Viel Spaß machte das nicht, die gut 100 Kilometer ohne Helm oder Jacke auf dem Sozius zu sitzen, aber ich konnte es mir nicht leisten, nicht nach Pattaya zu fahren.

Es ging aus wie das Hornberger Schießen.

Jeden Tag meldete ich mich bei der Touristenpolizei. Ich gab ihnen jeden Hinweis, auf den ich stieß.

Ich überließ ihnen die gesamte Korrespondenz mit OCS: die Verträge, die Telefaxschreiben, die Bankbürgschaft, sogar meine eigenen Kontoauszüge.

Irgendwann wurde ich zum Verdächtigen. Einige meiner Arbeiter glaubten, ich sei Teil des Betruges, und die Polizei begann, gegen mich zu ermitteln.

Als die Männer das hörten, meinten einige von ihnen, ich solle eingesperrt werden. Nur für den Fall der Fälle.

Sie schienen nicht auf die Idee zu kommen, daß ich ihr Geld hätte auf dem Flughafen Schiphol stehlen können, wenn ich es denn gewollt hätte.

Diese Vorwürfe trafen mich mehr als alles andere. Ich hatte die Männer ständig begleitet. Außerdem handelte es sich bei einem Großteil des gestohlenen Geldes um mein eigenes. Jeder der Arbeiter hatte nur ein paar Tausend Dollar verloren, mir waren Hunderttausende Dollar gestohlen worden.

In Wahrheit brauchten sie einen Sündenbock, und es spielte für sie keine Rolle, wer das war.

Die nächste irische Botschaft befand sich in Kuala Lumpur in Malaysia. Ich hatte bereits das irische Konsulat in Bangkok kontaktiert, dort wurde mir gesagt, es gebe nichts, was man dort tun könne.

Ich setzte mich auch mit der britischen Botschaft in Bangkok in Verbindung. Die meisten der Männer waren Engländer, daher wollte ich sicherstellen, daß wenigstens sie Hilfe bekamen.

Irgendwann wurde ich zum Botschafter vorgelassen. Ich erklärte so detailreich wie möglich, was geschehen war. Ich erwähnte auch, daß sich die Touristenpolizei mit ihren Ermittlungen sehr viel Zeit ließ.

Doch der britische Botschafter war nicht in einer Position, uns helfen zu können, ebensowenig wie das irische Konsulat. Wenn ich das Geld zurückwollte, mußte ich mich selbst darum kümmern.

In den nächsten Monaten verkaufte ich alles, was ich besaß. Für meine Uhr bekam ich 7000 Baht, für einen Siegelring meiner Mutter 5000 Baht. Schließlich versetzte ich meinen Trauring und eine goldene Halskette, wofür ich 8000 Baht bekam.

Ich hatte immer noch die Rolex, die mir O'Connors falscher arabischer Partner geschenkt hatte. Da sie brandneu war und noch in der Schachtel, gab man mir dafür 40.000 Baht. Nachdem ich alles verkauft hatte, besorgte ich Flugtickets und schickte die Männer nach Hause.

Ich schwor mir, O'Connor und Hayes zu finden. Ich war wütend und wollte Rache. Ich ging jeden Tag zur Polizei und verlangte Ermittlungsergebnisse.

Nachdem mehrere Wochen vergangen waren, sagten sie, man könne meine Anzeige bearbeiten und Haftbefehle gegen O'Connor und Hayes erlassen. Aber nur unter einer Bedingung: Sie würden nur etwas unternehmen, wenn ich in Thailand bliebe.

Die beiden Betrüger mußte ich nach ihrer Verhaftung identifizieren und dann vor Gericht als Zeuge aussagen.

Ohne Zeuge, sagten sie, sei das gesamte Verfahren reine Zeitverschwendung.

Da mir kaum eine andere Wahl blieb, erklärte ich mich einverstanden. Ich nahm jeden Schweißerjob an, der sich mir bot, und verdiente genug Geld, um mich über Wasser zu halten.

Ich übergab der Polizei eine Kopie von O'Connors irischem Paß zusammen mit dem Foto und der Seriennummer. Mir wurde gesagt, wenn er nach Thailand einreiste oder ausreiste, würde man ihn schnappen.

Bei Ronnie Hayes war das etwas schwieriger, aber die Polizei sagte, da sie sein Foto hätte, würde er auch nicht weit kommen.

Es dauerte aber nicht lange, bis mir klar wurde, daß die thailändische Polizei korrupt und unehrlich war. Immer wenn ich zur Polizei ging, warteten die Beamten auf Schmiergelder. Sie alle waren unaufrichtige Heuchler.

Wenn ich jemals mein Geld wollte, mußte ich O'Connor und Hayes selbst finden.

Etwa einen Monat später hatte ich Glück. Ich saß in irgendeiner Bar und las Zeitung. Es war ungefähr sieben Uhr abends.

Als ich von der Zeitung aufblickte, entdeckte ich einen Mann mit grauen Haaren, der einen Maßanzug trug. Ich konnte es kaum glauben. Direkt vor mir, das war Ronnie Hayes!

Doch das war nicht alles, er lief die Straße entlang, als könnte ihn kein Wässerchen trüben. Er versteckte sich ganz offensichtlich nicht, er wirkte nicht, als wolle er unerkannt bleiben. Er sah genauso aus wie zwei Monate zuvor, als wir uns kennenlernten.

In mir stieg eine Mischung aus Spannung und Panik auf, während ich beobachtete, wie er in einer Bar verschwand. Zwei oder drei Motorradtaxifahrer hatten ihn ebenfalls erspäht und rannten auf mich zu. Wir alle konnten nicht fassen, daß wir ihn gefunden hatten.

Um mir diese Chance nicht entgehen zu lassen, ging ich in die Bar und setzte mich neben Hayes auf einen Barhocker. Als er mich sah, klappte seine Kinnlade herunter.

„Hallo Ronnie", sagte ich. „Ich glaube, du hast etwas, das mir gehört."

Er rang um Fassung und versuchte, so lässig wie möglich zu bleiben.

„Ich weiß nicht, wovon du redest."

Ich versetzte ihm einen Stoß mit meinem Kopf.

Danach schlug ich ihn ein paarmal, aber die Motorradtaxifahrer hielten mich zurück. Es spielte keine Rolle, ich hatte ihn, und er würde nirgendwo mehr hingehen.

Ich bat den Barkeeper, die Touristenpolizei anzurufen und gab ihm die Handynummer des in meinem Fall ermittelnden Polizeileutnants.

Wenige Minuten später traf die Polizei ein, und Hayes wurde zu deren Pick-up geführt. Der Leutnant sagte, ich hätte Hayes nicht schlagen sollen. Ich fragte, was ich hätte tun sollen. Ich wollte ihm keine Möglichkeit geben zu verschwinden oder eine Schlägerei zu beginnen.

Um ehrlich zu sein, es fühlte sich gut an, dem Bastard eine reinzuhauen. Er hatte mich eine Menge Kopfschmerzen gekostet. In diesem Moment dachte ich nicht darüber nach, ob das, was ich tat, irgendwelche Konsequenzen haben könnte. Ganz sicher habe ich nicht an mögliche Gesetzesverstöße gedacht.

Hayes versuchte, mit einem Bluff davonzukommen. Er sagte, er hätte gedacht, O'Connor und OCS seien echt. Er habe nichts mit der finanziellen Seite von OCS zu tun und behauptete, er sei ebenfalls ein Opfer der Firma.

Er sagte, er habe im Dezember gekündigt, weil er nicht bezahlt worden sei.

Ich glaubte ihm kein Wort. Ich sagte ihm, die Polizei habe bereits alle Sekretärinnen und übrigen Mitarbeiter von OCS verhaftet, die für O'Connor arbeiteten. Ich log ganz frech, aber das wußte er nicht.

Schließlich schlug ich ihm einen Deal vor. Wenn er mir seinen Anteil des gestohlenen Geldes zurückgab und wenn er der Polizei dabei half, O'Connor zu finden, dann würde ich mit dem zuständigen Richter sprechen und ihm sagen, Hayes sei nur ein kleiner Fisch in dem Betrugsfall.

Ich wußte, O'Connor war der Chef. Ihn wollte ich mehr als Hayes.

Es dauerte nicht lange, bis Hayes seinen Partner verriet. Kriminelle sind alle gleich. Sie verkaufen sich immer gegenseitig. Er behauptete, O'Connor habe ihm nur 80.000 Dollar bezahlt, davon habe er einiges in einem Urlaub ausgegeben, habe aber immer noch 60.000 Dollar übrig, umgerechnet rund 1,5 Millionen Baht.

Er flehte um Vergebung und sagte, er würde das Geld aushändigen, wenn ich versprach, mich an die Abmachung zu halten. Ich versprach es.

Die Polizei war mit dem von mir gemachten Vorschlag einverstanden und erklärte sich bereit, Hayes zur Bank zu bringen, damit er das Geld abheben konnte. Ich sagte, ich würde am nächsten Tag zum Polizeirevier kommen und das Geld abholen. Ich entschloß mich, meinen Anwalt mitzubringen, nur um sicher zu sein, daß alles legal ablief und rechtens war.

Eine gute Entscheidung, wie sich herausstellte.

Als wir am nächsten Morgen auf dem Revier auftauchten, hatte Hayes seine Meinung geändert. Als er meine 1,5 Millionen Baht abhob, hatte die Polizei ihm offensichtlich allerlei Ratschläge gegeben. Sie sagten ihm, er müsse das Geld nicht sofort zurückzahlen, sondern erst nach dem Gerichtsverfahren.

Sie rieten ihm, mich wegen Körperverletzung anzuzeigen. Und sie empfahlen ihm, er solle darauf bestehen, daß ich die Anzeige gegen ihn zurückzog, wenn er mein Geld zurückzahlte.

Um ganz ehrlich zu sein: Mein Anwalt sagte, ich hätte keine andere Wahl. Wenn ich die Anzeige nicht zurückzog und das Geld nahm, dann würde Hayes es für die Kaution verwenden und trotzdem freikommen. Wenn ich das Geld wollte, mußte ich den Deal annehmen.

Wider besseren Wissens nahm ich das Geld und zog die Anzeige zurück.

In Bangkok war nichts so, wie es schien. Als ich vor der Protokollunterzeichnung das Geld zählte, fehlte etwas bei jedem Bündel. Insgesamt fehlte eine ganze Menge – etwa 100.000 Baht. Die Polizei hatte zugegriffen.

Zwei Beamte befanden sich im Zimmer, während ich das Geld zählte. Sie starrten mich an. Ich fragte den Anwalt, was zu tun sei. Er flüsterte, das Beste wäre, alles zu zählen, das Geld zu nehmen und zu gehen. Wenn wir uns darüber beschwerten, daß Geld fehlte, müßte eine polizeiinterne Untersuchung angestrengt werden. Und das würde bedeuten, daß sie vorerst den gesamten Betrag einbehalten würden.

Das Geld hatte sich eine Nacht lang im Polizeirevier befunden, und es fehlten 100.000 Baht. Ich fragte mich, wieviel wohl am Ende der Untersuchung fehlen würde.

Nachdem ich mit dem Zählen der Scheine fertig war, zog ich meine Anzeige gegen Hayes zurück.

Er benutzte diesen Namen seit Jahren, fand ich nun heraus, ursprünglich stammte er aus Neuseeland, nicht Australien. Das war der Grund, weshalb die Polizei ihn nicht finden konnte.

Bevor ich die Anzeigenrücknahme unterschrieb, sagte ich Hayes, daß jeder meiner 30 Männer ihn jederzeit wieder anzeigen könnte. Ihm sollte klar sein, daß er sich nicht mehr sicher fühlen konnte. Er mußte dabei helfen, O'Connor zu finden, ob er wollte oder nicht.

Er war danach derartig verunsichert, daß er sich plötzlich sofort daran erinnerte, wo O'Connor wohnte, er nannte auch dessen favorisierten Lokale und Bars.

Die Ermittlungsbeamten hofften auf mehr Geld und boten sich an, zu O'Connor nach Hause zu fahren und ihn zu verhaften. Hayes hatte gesagt, O'Connor wohnte etwa 30 Kilometer vom Revier entfernt.

Ich wartete im Streifenwagen, während die Beamten O'Connor in dessen Apartment einen Besuch abstatteten. Etwa eine halbe Stunde später kamen sie zurück. Sie sagten, O'Connor wäre nicht da, er sei ausgezogen.

Aber sie sagten auch, sie würden dort einen Mann stationieren. Sie versprachen, falls O'Connor jemals zurückkäme, würden sie ihn bekommen. Er konnte nicht entwischen.

Es gab nicht viel mehr für mich zu tun.

Ich fühlte ein wenig Befriedigung, als ich am nächsten Morgen in den Zeitungen über meinen Fall las. Als ich anfing, nach O'Connor und Hayes zu suchen, hatte ich mich an ein paar Journalisten gewandt, die nun über den Fall berichteten. Sie schrieben über den Ablauf des Betruges und auf welche Weise ich Hayes geschnappt hatte.

Hayes verließ nach seiner Entlassung aus Polizeigewahrsam Thailand. Sein Alias war aufgeflogen, er verschwand danach spurlos.

Nun mußte ich nur noch auf Neuigkeiten über O'Connor warten.

Es gab keinen Grund, nach Europa zurückzukehren. Ich hatte alles verloren. Die Bank hatte meine Firma abgewickelt und mein Haus zwangsversteigert, um das Geld zurückzubekommen, das ich geliehen hatte. Meine Frau hatte mich verlassen und war mit unseren drei Kindern nach Irland zurückgekehrt. Ich hatte nichts mehr – außer Zeit.

# 4

Mit der Zeit richtete ich mich in Thailand ein. Ich gewöhnte mich an Bangkok, das Klima und das Essen. Man könnte sogar sagen, daß ich bis zu einem gewissen Grad mit der Kultur der Stadt verschmolz.

Ich begann, die Gerüche und die Geräusche der Stadt zu mögen, die Menschen und sogar den ständigen Verkehr.

Ich kannte mich irgendwann in Bangkok mit den vielen Haupt- und Nebenstraßen gut aus. Ich zog in ein kleines Haus am Stadtrand. Ich kaufte jede Woche Lebensmittel auf einem Markt in der Nachbarschaft und entdeckte die Köstlichkeiten, die die thailändische Küche zu bieten hatte. Ich genoß mein schönes Leben.

Die ganze Zeit über war ich von den Leuten fasziniert. Zwar waren sie nett und freundlich, betrachteten alle Ausländer aber als Außenseiter oder als Flüchtlinge vor welchen Problemen auch immer. Mit der Zeit lernte ich, daß man nichts, was sie sagten, für bare Münze nehmen konnte. Damals lebte ich allein.

Und ich war furchtbar einsam.

Ich vermißte meine Kinder, die mit ihrer Mutter in Irland lebten. Ich telefonierte mit ihnen, aber oft hatte ich das Gefühl, daß mir etwas fehlte.

Es heißt, daß auf Regen Sonnenschein folgt. Mein Sonnenschein hieß Nanglung, eine hübsches Mädchen, das während meiner Gespräche mit O'Connor und Hayes für mich als Dolmetscherin gearbeitet hatte.

Nanglung und ich waren nach dem Verschwinden O'Connors gute Freunde geblieben. Ihr Name bedeutete „Wasserfall", und ich fand sie sehr exotisch und verführerisch. Nachdem ich mich entschloß, in Thailand zu bleiben, um

O'Connor zu suchen, half sie mir. Ich war verrückt nach ihr. Ich konnte nicht anders, ich verliebte mich in sie. Sie war einfach zu faszinierend.

Man darf mich nicht falsch verstehen, ich wäre der erste, der sagen würde, sie liebte mich ganz sicher nicht wegen meines Aussehens und schon gar nicht mit ihrem Herzen.

Thai-Frauen gehen mit Europäern aus verschiedenen Gründen eine Beziehung ein. Einige lieben wirklich, andere nur für Geld.

Nanglung war hauptsächlich sehr an mir interessiert, weil sie glaubte, ich hätte Geld. Ich fühlte mich aus all den bekannten Gründen zu ihr hingezogen, auch wenn es nicht dasselbe war wie zu Hause.

Ich kannte die Fundamente, auf denen unsere Beziehung aufgebaut war. Man sollte aber bedenken, ich war alleine und weit weg von zu Hause.

Schließlich heirateten wir. Wenn ich aber sage Heirat, dann meine ich keine konventionelle Hochzeit.

Nachdem wir einige Zeit zusammengewohnt hatten, nahm sie mich mit nach Hause, um ihre Eltern kennenzulernen. Nanglung war in einer der Provinzen außerhalb der Stadt aufgewachsen.

Ich kann mich noch an ihr Dorf erinnern, es war ländlich und zurückgeblieben. Ihre Eltern lebten in einem kleinen Haus und konnten kein Wort Englisch verstehen. Aber sie waren sehr erfreut, daß ihre Tochter einen Ausländer heiraten wollte. Es schien alles sehr surreal.

Damals gab es zwei verschiedene Arten von Hochzeiten in Thailand. Da war zum einen die buddhistische Zeremonie, die traditionelle Eheschließung. Die andere war der amtliche Weg, die Heirat wurde bei den thailändischen Behörden beurkundet.

Nanglung wollte traditionell heiraten. Das bedeutete, wir fuhren in ihr Dorf, und ich hielt die Eltern um die Hand der

Tochter an. Ich hatte kein Interesse daran, die Ehe zu registrieren, denn ich war noch verheiratet.

Da kam mir die traditionelle Art und Weise wie gelegen. In Thailand verlobte man sich in einer Zeremonie, *thong man* genannt. Dazu gehörte, daß ich Nanglung Goldschmuck überreichte.

Ob traditionell oder standesamtlich, bei Thai-Hochzeiten spielte auch das *sin sod* eine Rolle. Das ist die Sitte, an die Familie ein Brautgeld für die Muttermilch zu zahlen, die die Braut bekommen hat. Mir wurde gesagt, es gebe über die Höhe der Summe keine Richtlinien, aber es spielte eine Rolle, ob der Bräutigam wohlhabend war. In meinem Fall glaubte die Familie, der Farang, der Ausländer, der die Tochter heiratete, sei wohlhabend.

Sie wußten nichts. Ich gab etwas Geld, sie schienen darüber ehrlich erfreut. Das ganze Dorf schüttelte an diesem Tag meine Hand.

Ich muß sagen, daß die ganze Angelegenheit kaum etwas für mich bedeutete. Ich konnte mit ihren Eltern nicht reden, mit der Familie keine Konversation betreiben. Offensichtlich wurde ich aber von jedem ziemlich ernst genommen. Ihre Eltern sahen unsere Ehe ganz sicher als lebenslangen Bund an.

Ich liebte Nanglung. Sie war mein einziger Freund zu dieser Zeit. Damals hätte ich alles für sie getan. Ich tat auch alles, um ehrlich zu sein, sogar noch mehr, und sie erwiderte das. Kurz nachdem wir zusammenzogen, wurde sie schwanger. Knapp ein Jahr später gebar sie einen Sohn. Ich nannte ihn Brendan.

Auch wenn ich nun ein harmonisches Leben führte, so hörte ich nie auf, nach O'Connor zu suchen. Er wurde eine Obsession. Regelmäßig tauchte ich in seinen Lieblingsbars und bevorzugten Restaurants auf und bezahlte stets die Motorradtaxifahrer, damit sie nach ihm Ausschau hielten. Ich meldete mich auch stets bei der Polizei und telefonierte mit den Beamten mindestens einmal pro Monat, um mich nach dem Stand der Dinge zu erkundigen.

Die Antwort, die ich bekam, war immer dieselbe: Sie suchten nach O'Connor, er habe Thailand aber weder verlassen, noch sei er eingereist. Er sei auch nicht mehr in seinem alten Apartment aufgetaucht.

Ich traute ihnen nicht über den Weg und stellte eine Belohnung in Aussicht, wenn sein Aufenthaltsort ausfindig gemacht werden konnte. Ab und zu gab es deshalb eine Spur. Ab und zu bekam ich einen Tip, er sei in dieser Bar oder jenem Restaurant gesehen worden. Aber ich war immer auf der falschen Fährte.

Eines Tages kam ein Freund zu mir, der einen Urlaub auf den Philippinen verbracht hatte. Er behauptete, daß er dort O'Connor gesehen hatte. Am nächsten Tag flog ich nach Manila. Ich fand die Stadt, ich fand die Bar, ich fand sogar die Prostituierte, mit der O'Connor die Nacht zuvor verbracht hatte. Als sie mir sein Hotel zeigte, war er schon abgereist. Wieder war er verschwunden. Trotzdem gab ich nicht auf.

Zweieinhalb Jahre vergingen, bevor ich auf eine wirklich heiße Spur stieß. Und das an einem ungewöhnlichen Ort. Da ich Europäer war, mußte ich Thailand alle drei Monate verlassen, um ein neues Touristenvisum zu erhalten.

Oft fuhr ich ein paar Stunden oder ein paar Tage in angrenzende Länder, damit es so schien, als sei ich ein Tourist, der in der Gegend herumreiste. Auf einem dieser Trips fuhr ich im Juni 1997 über die Grenze nach Laos und machte für ein paar Stunden einen Einkaufsbummel, bevor ich wieder nach Thailand zurückkehrte.

In Laos traf ich einen Australier, und wir kamen ins Gespräch. Eins führte zum anderen, ich erzählte ihm meine Geschichte.

Danach sagte er, er kenne einen Mann, auf den die Beschreibung O'Connors passe. Da ich immer ein Foto von O'Connor bei mir hatte, zeigte ich es ihm.

„Das ist er", sagte der Australier. „Das ist Mitch!"

Mitch, erzählte er mir, war ein Gangster, ein professioneller Abzocker, der dafür bekannt war, wertlose Diamanten zu verkaufen. Er hatte Betrügereien organisiert, in denen erfundene Gold- und Edelsteinminen verkauft wurden, er hatte sogar gefälschte Aktien verkauft. Soweit meinem neuen Freund bekannt war, beschäftigte sich dieser Mitch gerade mit Baumaschinen.

Er habe zwar nicht Mitchs Adresse oder Telefonnummer, würde jedoch sein Bestes versuchen, um diese herauszufinden. Ich gab dem Australier meine Telefonnummer.

Ein paar Wochen vergingen ohne Neuigkeiten. Als ich eines Tages nach Hause zurückkehrte, sagte meine Frau, jemand habe angerufen und um schnellstmöglichen Rückruf gebeten. Es war mein Freund.

Er sagte, O'Connor würde zur Zeit einen Baustellenbetrug in Bangkok organisieren. Er gab mir dessen Adresse und Telefonnummer. So nahe war ich an O'Connor noch nie dran gewesen.

Ich wollte keinesfalls irgendwelche Fehler machen. Wenn ich in Bangkok eines gelernt hatte, dann der Polizei kein Vertrauen zu schenken. Daher entschloß ich mich, O'Connor selbst zu finden. Ich wollte ihm eine Falle stellen, und wenn ich ihn in die Enge getrieben hatte, die Polizei rufen.

Das erste Mal seit Jahren hatte ich das Gefühl zu leben. Schnell begann ich damit, O'Connors altbekannte Wohnstätte näher zu überprüfen und stellte fest, daß er nie aus seinem Apartment ausgezogen war.

Ich war nie dort gewesen, weil ich glaubte, niemand könnte so dumm sein und in einem Apartment wohnen bleiben, nachdem die Polizei an der Tür geklopft hatte.

Ich mußte feststellen, daß mich die Polizei seit Jahren angelogen hatte. Sie hatten O'Connor nie gesucht, sie wollten ihn auch nicht festnehmen.

Da gab es nur eine sinnvolle Erklärung: O'Connor mußte sie bezahlt haben. Niemand konnte sich ungehindert bewegen, wenn die Polizei versuchte, einen zu verhaften.

Die Wahrscheinlichkeit war groß, daß sie ihn warnten, wenn ich sie in meine Pläne einweihte.

Ich versuchte, ruhig zu bleiben.

Ich wußte, ich konnte nicht riskieren, ihn anzurufen, weil er vielleicht meine Stimme erkannt hätte. Daher bat ich eine der Sekretärinnen in der Firma, für die ich zu der Zeit arbeitete, das für mich zu erledigen. Sie rief O'Connor an und erzählte ihm, sie würde für ein großes Bauunternehmen arbeiten. Ihr Chef habe gehört, O'Connor wolle einige Baumaschinen verkaufen. Ihr Boß sei an einem Kauf interessiert, sofern der Preis stimmte.

O'Connor biß an. Als ich am nächsten Morgen zur Arbeit erschien, wartete ein Telefax auf mich. Es war von Mitch unterschrieben. Er hatte ein Einführungsschreiben geschickt, zusammen mit einer Liste der zu verkaufenden Maschinen und dem jeweiligen Preis.

Ich konnte es kaum fassen: Seine Firma hieß Offshore Construction Services. Er hatte sich nicht einmal die Mühe gemacht, sich einen neuen Namen auszudenken.

Auch wenn ich ihn in diesem Moment am liebsten die Lichter ausgeblasen hätte, mußte ich das Spiel mitspielen. Wenn ich zu direkt vorging, würde er merken, daß etwas faul war.

Aus diesem Grunde beantwortete ich sein Telefax schriftlich und erkundigte mich nach weiteren Einzelheiten über die angebotenen Maschinen. Ich unterschrieb mit Mr. Bill Turner.

Das erste Mal seit Jahren hatte ich das Gefühl, auf der Gewinnerstraße zu sein. Ich bat mehrere Freunde um Hilfe.

Ein Amerikaner namens Chuck bot an, die Rolle von Bill Turner zu übernehmen.

Chuck rief O'Connor an und sagte ihm, er sei an einigen der Maschinen interessiert. Die beiden wollten sich in unserem Büro treffen und über Preise sowie die Zahlungsabwicklung sprechen.

Ich sagte Chuck, er solle O'Connor einen Anreiz geben, damit dieser auch erschien. Chuck sagte O'Connor, wenn es bei dem Treffen zu einer Vereinbarung käme, würde er, Chuck, eine Anzahlung leisten. In Höhe von 300.000 Dollar.

O'Connor sagte, er werde kommen.

Ich wußte, daß wir ihn hatten. Die Anzahlung würde er sich nicht durch die Lappen gehen lassen. Er würde bei dieser Summe niemand anderem vertrauen und selbst kommen. Vor dem Treffen hatte ich noch einiges zu tun.

Einer meiner Freunde hatte einen Bruder, der bei der Polizei arbeitete. Ich bat den Bruder und einen weiteren Beamten darum, O'Connor zu verhaften, sobald dieser im Büro erschien. Ich erklärte alles, auch, weshalb ich der Touristenpolizei in Bangkok nicht vertrauen konnte. Die beiden wollten mir helfen. Nun mußte ich noch einen Ort finden, an dem das Treffen stattfinden konnte.

Die Lösung lag auf der Hand. Die Firma, für die ich arbeitete, errichtete in Pattaya gerade einen Block mit neuen Büros. Die meisten der Gebäude waren halb fertig, es gab jedoch einen kleinen Bürokomplex, der bereits fertig war. Ein perfekter Ort.

Ich faxte O'Connor einen Lageplan mit Wegbeschreibung, wie er zu dem Büro kam und schlug den 21. Juli 1997, 13 Uhr, für das Treffen vor.

Alles lief nach Plan. Ich war aber besorgt, daß O'Connor womöglich nicht alleine kommen könnte. Wenn er mehrere Männer mitbrachte, hatte ich ein Problem. Daher ließ ich meine Sekretärin anfragen, wer an dem Treffen teilnahm, sie bat auch um deren Ausweise, damit die Wachleute entsprechende Pässe ausstellen konnten.

O'Connor ahnte nichts, er faxte sofort eine Kopie seines Reisepasses zurück. Zudem die Angaben über einen Mann namens Brett Holdsworth.

Bei ihm handelte es sich um O'Connors Leibwächter. Der kam mit, weil O'Connor wirklich glaubte, wir seien auf ihn hereingefallen und würden ihm einfach so 300.000 Dollar geben.

Am Morgen des 21. Juli lief alles planmäßig. Ich saß im Büro mit einem Blick auf den Haupteingang, damit ich O'Connor frühzeitig erspähen konnte.

Wir warteten knappe 30 Minuten, bis er erschien. Chuck begrüßte ihn und brachte ihn dann ins Büro.

Ich kann mich noch gut daran erinnern, daß Chuck mit ausgestreckter Hand auf O'Connor zuging. Die beiden schüttelten die Hände, dann deutete Chuck in Richtung Büro. Er sagte, O'Connor und Holdworth sollten dort einen Moment Platz nehmen, und entschuldigte sich, bevor er verschwand.

Einer meiner Thai-Freunde öffnete die Tür und schob O'Connor und Holdsworth hindurch. Ich saß hinter einem Schreibtisch im Büro, zwei bewaffnete Polizeibeamte neben der Tür.

O'Connor kam zuerst herein, dann sein Leibwächter. Als O'Connor mich sah, blieb er wie erstarrt stehen.

Er konnte nur sagen: „Du!“

Dann sah er die Polizisten an, dann wieder mich. Er saß in der Falle und wußte es. Dann stürzte er auf mich zu.

Ein Tumult brach aus. Er versetzte mir ein paar Hiebe, ich ergriff seinen Arm, und wir gingen beide zu Boden.

Holdsworth wollte ihm zu Hilfe eilen, aber einer der Polizisten legte eine Hand auf dessen Schulter. Holdsworth überlegte es sich anders, nachdem er gesehen hatte, daß der Polizist an sein Holster griff.

Ich schlug O'Connor ins Gesicht. Ich hätte ihn am liebsten umgebracht. Der Mistkerl hatte mein Leben zerstört.

Die Polizisten mußten einschreiten. O'Connor war gebaut wie ein Wandschrank und viel zu stark für mich, aber das spielte für mich keine Rolle. Ohne inne zu halten, schlug ich ihm ins Gesicht.

Als ich aufhörte, fiel mir eine Schramme unter seinem linken Auge auf. Davon abgesehen blieb er unverletzt.

Er war sehr wütend. Ob es daran lag, daß er bei einem seiner Betrügereien geschnappt wurde oder daran, daß er überhaupt in die Falle gegangen war, wußte ich nicht. Jedenfalls machte er keinen zufriedenen Eindruck. Er sah sich ständig im Zimmer um, sein Gesicht lief vor Zorn violett an.

Die Polizisten ergriffen das Wort und befahlen O'Connor, sich hinzusetzen. Als er saß, schien er sich etwas zu erholen.

„Was geht hier vor, verdammt?" schrie er. „Ich bin ein Geschäftsmann. Ich bin nicht hergekommen, um angegriffen zu werden!"

Meine Polizeifreunde erklärten, daß ich ihn angezeigt hätte und erzählten, was ich ihnen gesagt hatte. O'Connor sagte, er kenne mich nicht, er würde mich zum ersten Mal in seinem ganzen Leben sehen.

Das war völliger Unsinn, und alle wußten es. Die Polizei kam daher gleich zur Sache. Er konnte entweder zugeben, das Geld gestohlen zu haben oder aber er würde ins Gefängnis wandern.

O'Connor dachte eine Minute darüber nach.

„Moment! Einen Moment", sagte er. „Vielleicht erinnere ich mich doch daran, mit Mr. Martin ein Geschäft abgewikkelt zu haben. Ich habe kein Geld gestohlen, aber Mr. Martin hat womöglich etwas Geld verloren. Ich bin sicher, wir können zu einer Einigung kommen. Vielleicht können wir uns unter vier Augen unterhalten“, fügte er hinzu und sah mich an.

Ich kann mich noch an seinen Gesichtsausdruck erinnern. Mir wurde zum ersten Mal bewußt, daß O’Connor Betrug und Schwindel wie ein ganz normales Geschäft ansah. Alles war nur eine Verhandlungsfrage.

„Keine Chance, O’Connor“, sagte ich. „Wenn du etwas sagen willst, dann hier vor den Polizei.“

Ich bat die Beamten darum, ihn wegzubringen. Die begannen damit, ihm Handschellen anzulegen. In diesem Moment kam meine Frau ins Zimmer, in ihrer Begleitung vier ihrer Brüder. Sie hatte sich Sorgen gemacht, daß O’Connors Leibwächter bewaffnet zu dem Treffen erscheinen würde oder etwas anderes schiefgehen könnte.

Für einen Leibwächter blieb der aber sehr brav. Er saß die ganze Zeit in der Ecke und mischte sich nicht ein.

Nachdem Nanglung mit ihren Brüdern eingetroffen war, fühlte ich mich etwas entspannter. Man kann einem thailändischen Bullen niemals zu 100 Prozent vertrauen, insbesondere dann nicht, wenn es um Geld geht.

Ich sagte O’Connor, es gebe keinen Deal. Er könnte entweder das Geld zurückgeben oder ins Gefängnis gehen. Um ehrlich zu sein, ich wünschte mir, er würde das Gefängnis wählen.

Das erste Mal sah O’Connor besorgt aus. Er sagte, er wolle mir drei Millionen Baht geben. Gestohlen hatte er etwa 20 Millionen. Ich sagte ihm, er könne mich mal und solle aufhören, mich zu verarschen.

Daraufhin bot er elf Millionen Baht an und sagte, daß sei alles, was er besitze.

Ich schätzte, was er ausgegeben hatte, um die Betrügerei zu begehen und wieviel er seinen Komplizen gezahlt hatte.

Das kam in etwa hin. Daher kam ich zu dem Schluß, daß er die Wahrheit sagte.

Ich versuchte, nicht zu verzweifelt zu klingen und sagte, ich würde es mir überlegen, ob ich die Anzeige zurückziehe. Aber nur, wenn er zahlte. Natürlich wollte ich die Anzeige nicht zurückziehen, ich wußte aber, wenn O'Connor auf einem Polizeirevier mit den Taschen voller Geld auftauchte, dann würde er sich den Weg in die Freiheit erkaufen.

Er wurde sehr freundlich und sagte, ich müßte ihn zu seiner Bankfiliale in Bangkok bringen, wenn ich das Geld persönlich in Empfang nehmen wollte. Keine andere Bank würde elf Millionen Baht auszahlen.

Nun gab es ein Problem. Ich wußte, die Polizei von Pattaya konnte O'Connor nicht nach Bangkok bringen, es sei denn, sie verhafteten ihn. Da in Bangkok ein Haftbefehl vorlag, mußten die Vorgesetzten die Kollegen in Bangkok verständigen, und das war dann die Touristenpolizei. O'Connor würde bei ihnen landen.

Das war das Letzte, das ich brauchte. Nach drei Jahren Lügen und Bockmist wußte ich, daß ich der Touristenpolizei nicht vertrauen konnte – und wenn O'Connor sie einmal bezahlte, konnte er das immer wieder tun. Ich mußte O'Connor selbst nach Bangkok bringen.

Bereits zu Beginn war die Ausführung dieses Plans schwierig. Der Leibwächter, Holdsworth, war das größte Problem. Ich hätte ihm von Anfang an nicht erlauben sollen, an dem Treffen teilzunehmen. Nun befand ich mich in einer komplizierten Lage. Wenn ich Holdsworth gehen ließ, konnte er in Bangkok anrufen und für einige unliebsame Überraschungen sorgen. Oder er telefonierte mit der Bangkoker Polizei.

Ich mußte ihn mitnehmen. Allerdings würden die vier Brüder meiner Frau auf ihn gut aufpassen, hoffte ich.

Das war mein größter Fehler.

Ich bezahlte die Polizisten für ihre Dienste, und sie gingen mit dem Hinweis, ich solle sie anrufen, falls es Schwierigkeiten gäbe.

O'Connor war zu dem Treffen mit einem altmodischen amerikanischen Wagen erschienen, der einen durchgehenden Vordersitz hatte.

Ich setzte mich ans Steuer, und O'Connor saß zwischen mir und einem meiner Begleiter. Holdsworth saß hinten.

Meine Frau Nanglung fuhr in einem Pick-up, der von einem ihrer Brüder gesteuert wurde.

Zunächst fuhren wir nach Hause, denn Nanglung mußte sich um unseren Sohn kümmern.

Wir kamen gegen 16 Uhr an, das bedeutete, es war zu spät, um nach Bangkok zu fahren. Ich mußte bis zum nächsten Morgen warten, um das Geld abzuheben.

Es gab keinen Grund, daß alle vor meinem Haus im Auto herumsaßen, daher bat ich O'Connor und Holdsworth in mein Haus, bis ich überlegen konnte, wie es weitergeht.

Das wußte ich nicht, denn ich konnte nicht mehr klar denken.

Mir war sehr wohl bewußt, daß es nicht möglich sein würde, O'Connor und Holdsworth bis zum nächsten Morgen in meinem Haus festzuhalten.

So wie ich mein Glück kannte, würden sie mich wegen Entführung und Freiheitsberaubung anzeigen.

Meine Frau gab O'Connor, Holdsworth und mir je ein Bier, und wir begannen, uns verlegen zu unterhalten. Ich nutzte die Gelegenheit, um O'Connor zu fragen, weshalb er so viel Geld gestohlen hatte.

„Warum hast du nicht einfach die Kaution meiner Firma genommen? Das wäre immer noch eine Menge Geld gewesen."

O'Connor zuckte nur mit den Schultern.

„Du hättest doch ahnen müssen, daß dich jemand sucht, wenn es um eine halbe Million Dollar geht“, fuhr ich fort.

„Warum?“ sagte O’Connor. „Niemand hat mich jemals gesucht.“

Er war völlig schamlos. Es kümmerte ihn überhaupt nicht.

Er erklärte, ich hätte ihm und seinem „Team“ endlose Kopfschmerzen bereitet. Sie mußten sehr viel für diesen Betrug arbeiten. Ich sei sehr professionell vorgegangen, kannte mich gut aus.

Dann erwischte er mich auf dem falschen Fuß. Was er als nächstes sagte, verblüffte mich völlig. Er fragte, ob ich nicht sein Partner werden wolle.

„Denk mal drüber nach“, sagte er lächelnd. „Da kann man eine Menge Geld mit machen.“

Ich fühlte, wie der Zorn in mir hochstieg. Ich wollte seinen Schädel mit meinen bloßen Fäusten einschlagen.

O’Connor hatte mein Leben ruiniert. Ich hatte mein Geschäft verloren, mein Haus, meine Ehefrau Paula und meine Kinder – nicht zu vergessen die 460.000 Dollar. Und jetzt besaß dieser Arsch die Frechheit, mich zu fragen, ob ich das anderen Leuten antun wollte.

So wie ich ihn ansah, mußte er ahnen, daß ich mich am liebsten auf ihn gestürzt hätte.

Ich konnte den Unsinn, den er verzapfte, nicht mehr ertragen, stand auf und ging aus dem Haus, um mit drei Brüdern meiner Frau zu sprechen, die auf der Veranda saßen. Der jüngste Bruder blieb bei O’Connor und Holdsworth.

Wir sprachen über die Lage und entschieden, daß wir später am Abend nach Bangkok fahren würden. Ich wollte nicht, daß sich die beiden in der Nähe meiner Frau und meinem kleinen Sohn aufhielten.

Wir würden in O’Connors Apartment warten, bis die Bank am Morgen öffnete. Dann wollte ich mit O’Connor dorthin, das Geld bei meinem Anwalt in Bangkok hinterlegen und O'Connor der Polizei übergeben. Ohne Geld war es ihm nicht möglich, die Beamten zu bestechen.

Das schien ein guter Plan – etwas Besseres fiel uns auch nicht ein.

Ich ging zurück ins Haus und sagte O'Connor und Holdsworth, daß wir ein paar Stunden später nach Bangkok aufbrechen würden.

Ich wollte Nanglung nicht darum bitten, für die Idioten zu kochen, daher sagte ich zu ihnen: „Wenn ihr etwas essen wollt, dann gebt mir Geld und jemand kauft was für euch. Ihr dürft das selbst bezahlen. Und noch etwas. Ich will Benzingeld. Ich kutschiere Mistkerle nicht umsonst nach Bangkok."

Ich wollte im Grunde nur sehen, wieviel Geld O'Connor bei sich hatte, denn ich wollte ihm keine Chance lassen, jemanden bestechen zu können.

Nanglung machte sich über den gesamten Plan Sorgen und wollte mit uns mitfahren, ich sagte aber, das sei keine gute Idee.

Der Trip war kein Familienausflug. Und obwohl ich Angst hatte, sagte ich ihr, alles sei in Ordnung, sie solle sich keine Gedanken machen.

Damals konnte ich kein Thai, daher bat ich Nanglung, mit ihren Brüdern zu reden und ihnen zu sagen, was sie tun sollten. Sie sagte ihnen, sie müßten nach Bangkok fahren und darauf achten, daß wir nicht angegriffen wurden.

Wir nahmen O'Connors Wagen, denn der war größer und bequemer als meiner.

Während der Fahrt fand der Leibwächter seine Stimme wieder. Bis zu diesem Zeitpunkt hatte er kein Wort gesagt.

„Wenn ich du wäre, würde ich wirklich darüber nachdenken, ob ich nicht mit Mitch zusammenarbeiten wollte", sagte er. „Er weiß, was er tut. Mensch, wenn er dich übers Ohr hauen konnte, dann muß er gut sein! Zusammen würdet ihr Millionen machen."

Holdsworth ging mir auf die Nerven. Ich wollte auf diesen Mist nicht eingehen, daher sagte ich, er solle sein Maul halten.

O'Connor und Holdsworth fragten dann, ob wir halten könnten, weil sie dringend pinkeln mußten. Es war noch etwa eine Stunde bis Bangkok, daher sagte ich, wir hielten an der nächsten Tankstelle. Nach zehn Minuten fingen sie wieder damit an.

Einige der Brüder murmelten auch, daß sie mal mußten, daher fuhr ich an den Straßenrand und hielt.

Jeder stieg aus und erleichterte sich. Meine Schwäger kamen zurück ins Auto und dösten ein, typisch für Thais. Wenn sie fünf Minuten still saßen, schliefen sie ein. Das gab O'Connor und Holdsworth die Möglichkeit, auf die sie gewartet hatten: mich anzugreifen und zu flüchten.

Ich kann mich noch genau daran erinnern, was passierte.

O'Connor lehnte an der geöffneten Beifahrertür zu meiner Rechten, Holdsworth stand auf der linken Seite.

Sobald ich alleine draußen stand, rief O'Connor: „Jetzt!"

Holdsworth drehte sich um und kam in meine Richtung. Er hatte ein Messer.

Ich sah O'Connor kurz an, dann drehte ich mich zum Leibwächter um. Er kam einen Schritt auf mich zu und wollte mit dem Messer zustechen. Als er mit dem Arm ausholte, ging ich dazwischen.

Ich schlug ihn so kräftig, wie ich konnte. Ich wußte, ich würde keine zweite Chance bekommen. Wenn er zustach, war ich tot.

Ich griff mit meiner Linken nach seiner rechten Hand und boxte ihm mit meiner Rechten in den Bauch. Dann setzte ich mit einem Kopfstoß nach. Wir gingen zu Boden und rollten in den Straßengraben.

Holdsworth faßte mir an die Kehle, als ich versuchte, aufzustehen, ich boxte ihm in die Eier.

Nach wie vor drosch er auf mich ein, daher schlug ich zurück. So lange, bis er aufhörte.

Ich dachte, er wollte mich umbringen, mein letztes Stündlein habe geschlagen.

Als er sich erneut auf mich stürzte, nahm ich alle verbliebene Kraft zusammen und verpaßte ihm einen Donnerhieb. Als er fiel, zog er mich mit. Wir krachten beide auf den Boden, und es war vorbei. Ich hatte Holdsworth K.O. geschlagen.

Ich kroch in der Dunkelheit umher und gelangte auf die Beine. Ich verfluchte Holdsworth und ging wieder zum Auto.

# 5

Als die Brüder den Aufruhr hörten, erwachten sie, einer stieg aus und half mir. Als ich mich in den Wagen setzte, lächelte mich O'Connor an.

„Du bist ein hartnäckiger Scheißkerl, oder?“ sagte er.

Am liebsten hätte ich ihm das Lächeln aus der Visage poliert, aber mir fehlte die Kraft.

Mir tat alles weh, ich hatte überall Schrammen und Prellungen. Meine Lippe war aufgesprungen, meine Nase blutete. Über meinem linken Auge hatte ich eine Schnittwunde, mein linker Arm war aufgeritzt. Mein Hemd war zerrissen.

Ich sah in den Straßengraben und hielt Ausschau nach Holdsworth. Keine Spur von ihm. Ich fragte O'Connor, was er mit seinem Freund anstellen wollte.

Im Wagen gab es einen Suchscheinwerfer, der mit dem Zigarettenanzünder verbunden war. O'Connor schaltete ihn an und leuchtete in den Straßengraben.

Aber wir konnten Holdsworth nicht entdecken. Wir schwenkten den Scheinwerfer etwa zehn Minuten hin und her, aber es gab keine Spur von Holdsworth.

„Nutzloses Arschloch“, sagte O'Connor. „Er ist wahrscheinlich weggelaufen und versteckt sich irgendwo in den Büschen. Laß ihn. Er wird schon okay sein.“

Mich interessierte das nicht. Ich wollte jedenfalls nicht herumsitzen und darauf warten, daß er mich noch einmal angriff.

Jeder stieg wieder in den Wagen, und wir fuhren ohne weitere Unterbrechungen zu O'Connors Apartment in Bangkok. Die meiste Zeit über schwieg er.

Wir parkten und gingen in die Zwei-Zimmer-Wohnung, in der O'Connor zusammen mit seiner Thai-Frau lebte. Sie schien wenig überrascht, daß er fünf Männer mit nach Hause brachte.

Ich fragte, ob ich mich frisch machen konnte, weil ich einen „Unfall“ gehabt hatte. Den Kampf mit dem Leibwächter erwähnte ich nicht, sie fragte auch nicht.

Ich wusch mir Gesicht und Hände, die Schrammen und die Prellungen. Dann ging ich zurück und setzte mich. O'Connors Frau brachte mir ein Bier, ihrem Mann schenkte sie einen großen Whisky ein.

Die Thai-Jungs wollten nichts trinken, aber etwas zu Essen besorgen. Ich hatte nichts dagegen. Bislang hatten sie mir nicht gerade vorbildlichen Schutz gewährt.

Ich glaubte nicht, O'Connor würde noch einmal ein krummes Ding anstellen – nicht in seiner eigenen Wohnung. Die Nachbarn würden die Polizei rufen, fall er etwas versuchte.

Als die Brüder weg waren, setzte sich O'Connor zu mir auf die gegenüberliegende Seite des Tisches. Er gab mir drei Schecks. Zwei waren in Pfund ausgestellt mit einer Summe von insgesamt etwa 16.000. Diese stammten aus einem legalen Geschäft, sagte er. Der dritte lautete auf den Namen Brett Holdsworth und war über eine Million neuseeländische Dollar ausgestellt.

Dieser, so erklärte O'Connor, sei eine Zahlung an Holdsworth, weil er Partner werden würde. Offensichtlich das erste Gehalt.

Anscheinend war der Leibwächter nicht damit zufrieden, nur ein Bodyguard zu sein. Er wollte einen Teil des Kuchens.

O'Connor sagte, ich könnte die Schecks als Zeichen seines guten Willens bis zum nächsten Morgen behalten, wenn wir zur Bank fuhren. Ich steckte sie ein, glaubte aber nicht, daß sie sich in Bargeld umwandeln ließen.

Nach einer Weile fragte er, ob ich nicht in einem Hotel übernachten wolle, um ihn dann am nächsten Morgen abzuholen. Was für ein Idiot. Er dachte wohl im ernst, daß ich mir freiwillig die Narrenkappe aufsetzen würde. Es hatte mich drei Jahre gekostet, seiner Habhaft zu werden. Ich würde wohl kaum weggehen, um am nächsten Morgen eine leere Wohnung vorzufinden.

Ich sagte, ich sei ein großer Junge und würde auf dem Boden vor der Eingangstür schlafen. O'Connors Apartment befand sich im vierten Stock, der Balkon mit Eisengittern gesichert. Er konnte nicht nach unten springen, selbst wenn er das gewollt hätte.

Es gab bei O'Connor keinen Streit oder Kampf. Sowohl er als auch seine Frau waren freundlich, geradezu nett, daher hatte ich nichts dagegen, als O'Connors Frau eröffnete, sie würde lieber etwas zu essen kaufen gehen anstatt zu kochen.

Sie war keine Geisel, und sie konnte wirklich nichts für meine Probleme. Außerdem glaubte ich kaum, daß sie wußte, was in Wahrheit vor sich ging.

Es gab nicht mehr viel, worüber wir reden konnten. Wir saßen da und sahen uns ein Video an. Ich war froh, daß ich ein wenig abgelenkt wurde.

O'Connors Frau war etwa 20 Minuten weg, als es an der Tür klopfte. Ich dachte, es wären Nanglungs vier Brüder. Oder O'Connors Frau hatte die Schlüssel vergessen. Da ich nahe an der Tür saß, stand ich auf und öffnete.

Es war die Polizei.

Ich trat ins Zimmer zurück. Der erste Beamte stürmte in den Raum und schlug mir auf den Mund. Zwei weitere kamen hinter ihm herein und hielten mich, so daß ich mich nicht rühren konnte.

O'Connor schrie: „Das ist er, das ist er!" und zeigte auf mich. „Paßt auf, der ist gefährlich!" rief er. „Der gehört zur irischen IRA."

Ein weiterer Polizist erschien zusammen mit O'Connors Frau. Er sprach gut Englisch und fragte mich, was los sei. Offensichtlich hatte die Frau nach Verlassen des Apartments die Polizei gerufen und gesagt, ich würde O'Connor bedrohen und Hausfriedensbruch begehen.

Ich erklärte ruhig, was geschehen war und führte aus, daß O'Connor 460.000 Dollar gestohlen hatte und deshalb ein Haftbefehl gegen ihn ausgestellt worden war. Zumindest hoffte ich das.

Die Polizisten hörten zu, gingen dann zu O'Connor und legten ihm Handschellen an. Sie entschuldigten sich für das Mißverständnis, ich müsse aber dennoch mit aufs Revier kommen, um den Betrüger offiziell zu identifizieren. O'Connor wurde abgeführt, er wehrte sich und schrie, er sei unschuldig.

Da die ursprüngliche Anzeige dummerweise bei der Touristenpolizei erstattet worden und O'Connor ein Ausländer war, wurde der Fall dorthin abgegeben. Und damit begannen meine wirklichen Schwierigkeiten.

Wir warteten einige Zeit auf dem Polizeirevier. Schließlich wurde O'Connor abgeführt, und ich wurde in das Büro des Hauptmanns gerufen. Es war derselbe Offizier, bei dem ich drei Jahre zuvor die Anzeige erstattet hatte. Als er mich sah, lächelte er nur süffisant. Ich war froh, daß sich mir die Möglichkeit bot, ihm Vorhaltungen zu machen.

„Warum haben Sie O'Connor nicht verhaftet?" fragte ich. „Er hat Thailand nie verlassen. Er lebte immer in derselben Wohnung, fuhr dasselbe Auto und benutzte immer dieselbe verdammte Telefonnummer!"

Seine Antwort war einfach.

„Warum haben Sie mich nicht bezahlt?" fragte er. „Wenn Sie mich bezahlt hätten, dann wäre er verhaftet worden."

Ich hätte ausführen können, daß es sein Job war, Kriminelle zu verhaften, aber darum ging es gar nicht. Er war korrupt, so wie alle anderen auch.

Ich erklärte den ganzen Fall immer und immer wieder bis ins kleinste Detail. Das Verhör dauerte und dauerte. In den vielen Stunden gab es aber ein paar Dinge, die ich für mich behielt.

Ich sagte ihnen nicht, wer Chuck wirklich war, denn ich hatte versprochen, ihn nicht in die Angelegenheit hineinzuziehen. Der australische Auswanderer wollte ebenfalls nicht erwähnt werden, daher sagte ich, ich hätte irgendwann einfach O'Connor angerufen.

Es war eine Lüge, aber eine Notlüge. Ich hielt mein Versprechen, und das war wichtiger.

Als der Hauptmann sich befriedigt zurücklehnte, weil er alles erfahren hatte, griff er zum Kühlschrank und holte zwei Büchsen Bier heraus. Während wir tranken, beglückwünschte er mich, O'Connor geschnappt zu haben. Nicht nur das, ich sei auch so klug, O'Connor mit dessen eigenen Tricks gefaßt zu haben.

Er bat mich darum, auf dem Revier zu warten, damit ich die Identifizierung vornehmen konnte. Er sagte, die Beamten würden Akten überprüfen, ob es weitere Anzeigen gegen O'Connor, Mitch oder den Chef von OCS gab. Ich kannte all diese Namen. Wenn etwas gefunden wurde, konnte ich ihn identifizieren.

Zwischenzeitlich ging ich hinaus in ein Restaurant und aß etwas. Ich sah keinerlei Probleme auf mich zukommen.

Ich vermutete, sie würden O'Connor wegen Betruges oder Diebstahls belangen oder ihn zwingen, das Geld zurückzuzahlen, damit sie etwas davon bekommen konnten. Ich rief Nanglung an und sagte, es würde noch ein paar Stunden dauern.

Als ich in das Revier zurückkam, war O'Connor aus der Zelle zurückgebracht worden und wurde gerade befragt. Ich hatte der Polizei O'Connors Schecks übergeben. Er erklärte gerade, was es mit ihnen auf sich hatte.

Als es um den letzten Scheck ging, sagte er: „Der ist von meinem Partner, Mr. Brett Holdsworth." Dann zeigte er auf mich und fügte hinzu: „Und er hat ihn umgebracht."

Jeder im Zimmer sah mich an.

Ich wußte, daß O'Connor versuchte, sich aus der Angelegenheit herauszuwinden, aber ich hatte nicht erwartet, daß er mich des Mordes beschuldigen würde.

„Was soll die Scheiße?" war das erste, das mir einfiel.

Ich hatte bereits ausgesagt, daß Holdsworth mich angegriffen und wir miteinander gekämpft hatten und er weggerannt war. Ich erklärte, Holdsworth war keinesfalls O'Connors Partner, sondern sein Leibwächter. Niemand war tot, nicht einmal verletzt – auch wenn sie versucht hatten, mich umzubringen. Es gab keinen Mord. O'Connor war ein Lügner.

Aber er bestand auf seiner Aussage.

„Er hat meinen Partner getötet", sagte er. „Und ich kann es beweisen. Ich zeige Ihnen, wo er die Leiche versteckt hat, falls sie nicht von einem seiner Leute bereits weggeschafft wurde.

O'Connor erklärte, ich hätte ihn und seinen Partner entführt, nachdem wir uns geschäftlich mit einem Mann namens Bill Turner getroffen hatten. Er sagte, ich hätte zehn Millionen Baht verlangt, und als er sich weigerte zu zahlen, hätte ich seinen Partner getötet und dann O'Connor gezwungen, mich zu seinem Apartment zu bringen, wo ich seine drei Schecks stahl.

Er behauptete dann, ich hätte ihn und seine Frau als Geiseln genommen, damit er mich am nächsten Morgen zu seiner Bank brachte. Er sagte, er sei kein Krimineller – er sei ein Geschäftsmann.

Ich versuchte ein paarmal, ihn zu unterbrechen, aber die Polizei sagte, ich solle mich ruhig verhalten und ihn ausreden lassen. Sie hörten ihm angespannt zu.

An diesem Punkt begann ich mir Sorgen zu machen und um meine eigene Sicherheit zu fürchten.

Die Polizei fragte, wie ich seinen Partner getötet hatte.

„Er hat ihn zusammengeschlagen und dann wie einen Fisch aufgeschlitzt“, sagte O’Connor.

Dann fragte die Polizei, wo die Leiche war.

„Seine Bande hat sie in die Büsche geschleppt“, sagte er. „Wenn Sie mir eine gute Straßenkarte geben, zeige ich Ihnen, wo genau.“

Eine Karte wurde herbeigeschafft, und O’Connor zeigte auf einen bestimmten Punkt.

„Da hat er ihn erledigt“, sagte er.

Ich folgte O’Connors Finger nicht, als er auf die Karte deutete, denn ich dachte, er spielte eine Art von Spiel. Dann fragte mich die Polizei, wo ich den Wagen angehalten hatte, aber ich wußte es nicht.

Sie fragten, ob es möglicherweise derselbe Ort war, auf den O’Connor gedeutet hatte.

Ich sagte, ich wüßte auch das nicht. Wie sollte ich? Ich hielt an, damit alle pinkeln konnten. Ich hatte die Stelle nicht auf einer Karte vermerkt.

Nun wurden sie argwöhnisch. Ich konnte anhand ihrer Körpersprache ausmachen, daß sie mir nicht glaubten. Und je mehr ich mich aufregte, um so mißtrauischer wurden sie. Ich versuchte, ruhig zu bleiben. Schließlich sagte der Hauptmann, sie müßten die Geschichte überprüfen. Alles in allem sei Mord eine ernste Angelegenheit.

Damit hatte ich kein Problem. Wenn die Polizei ihre Zeit verschwenden wollte, hatte ich nichts dagegen.

Ich wurde in das Büro des Hauptmanns gebracht. Dort sagte er mir, falls es etwas gäbe, das ich ihm sagen wollte, sei das nun die Gelegenheit.

Ich sagte, ich hätte keine Ahnung, worauf O’Connor hinauswollte. Ja, ich kämpfte mit Holdsworth, ich hatte aber niemanden umgebracht. Er hatte versucht, mich zu töten! Ich hatte wirklich Glück gehabt, daß er es nicht geschafft hatte.

Der Hauptmann sagte, er ließe mich in Ruhe, damit ich darüber nachdenken konnte. Jedenfalls glaubte ich das.

Warum sollte O'Connor diese Geschichte erfinden? Doch wohl nur, weil er versuchte, mich mit ihm ins Gefängnis zu ziehen.

Wir konnten zum Tatort zurückkehren. Die Beweise für einen Kampf würden zu finden sein, vielleicht sogar Blut. Wir hatten am Straßenrand miteinander gekämpft, waren in den Straßengraben gerollt, dort ging es in den Sträuchern weiter. Es wäre schwierig zu beweisen, daß ich das eigentliche Opfer war.

Und Holdsworth war verschwunden. Ich wußte nicht, wo er wohnte, ich wußte nichts über ihn. Wenn ich ihn nicht fand, konnte ich nicht beweisen, daß er lebte.

Die Polizei würde mich unter Mordverdacht festhalten, bis sie Holdsworth fand, und das konnte Monate oder sogar Jahre dauern.

So dumm war O'Connor nach alledem nicht. Er war ein Augenzeuge des mutmaßlichen Mordes an seinem Partner. Wenn Holdsworth nicht auftauchte, konnte ich nicht beweisen, daß O'Connor log. Ich würde im Gefängnis sitzen, bis die Ermittlungen abgeschlossen waren.

Nichts ergab einen Sinn. Die Polizei verhörte mich nun wegen des Mordes an Holdsworth.

Die Situation verwandelte sich in einen Alptraum. Ich wurde von einem schlechten Gefühl regelrecht aufgefressen. Ich ahnte, daß ich in erheblichen Schwierigkeiten steckte.

Gegen 14 Uhr kam der Polizeihauptmann zurück und sagte, wir würden zum Tatort fahren und dann zu dem Büro in Pattaya, in dem das Treffen stattgefunden hatte.

„Keine Sorge“, sagte er grinsend. „Entweder kannst du heute gehen oder du wanderst in den Knast – zusammen mit deinem Freund.“

Ich fand das nicht sehr komisch und geriet in Panik.

Ich wurde zu einem Minibus der Polizei geführt, Handschellen wurden mir angelegt.

Wir fuhren Richtung Chonburi, wo der Kampf stattgefunden hatte. Wegen des starken Verkehrsaufkommens kamen wir nur langsam voran. Nach etwa 50 Kilometern ordnete der Hauptmann die Rückkehr an.

Als wir wieder auf dem Polizeirevier waren, wurde O’Connor in eine der Zellen abgeführt. Ich wurde eine Etage höher gebracht. Ich bat den Hauptmann darum, meine Handschellen zu entfernen.

„Einen Moment“, sagte er. „Wenn wir ins Büro kommen, nehme ich sie ab.“

Seine Körpersprache hatte etwas Bedrohliches an sich. Ich wußte, irgend etwas stimmte nicht.

# 6

Der Hauptmann führte mich zu einem leeren Büro. Als ich durch die Tür trat, stieß er mich hinein, ich fiel in der Mitte des Raums auf den Boden, und die Tür wurde hinter mir geschlossen. Es gab kein Licht. Ich hatte Angst.

Plötzlich öffnete sich die Tür wieder. Sechs oder sieben Männer stürmten herein und begannen, wie verrückt auf mich einzutreten.

Sie sagten kein Wort, während sie mich schlugen und zutraten. Ich konnte mich wegen der Handschellen nicht verteidigen. Ich rollte mich einfach auf dem Boden zusammen und wartete, daß es aushörte. Ich hatte keine andere Wahl. Es war brutal.

Nach ein paar Minuten verschwanden sie so plötzlich wie sie gekommen waren.

Fassungslos lag ich auf dem Boden. Was ging da nur vor sich, verdammt noch mal?

Nach etwa 20 Minuten ging das Licht an. Ich rutschte in eine Ecke und bereitete mich auf einen zweiten Angriff vor.

Die Tür wurde geöffnet, ich war auf alles gefaßt.

Hinein kam der Polizeihauptmann mit zwei weiteren Offizieren. Er sagte nicht ein Wort, er sah mich nur an. Die drei Männer kamen zu mir in die Ecke. Ich blinzelte noch wegen des Lichts, das so plötzlich angeschaltet worden war, ich konnte nur die Umrisse der Männer erkennen. Sie standen über mir, traten mich und einer fragte dann: „Warum hast du deinen Freund ermordet?“

„Leck mich!“ rief ich. „Ich habe niemanden umgebracht! Was soll das?“

Die Antwort, die ich bekam, lautete: „Gestehe jetzt oder es wird dir leid tun!“

„Was soll ich gestehen?“ schrie ich. „Ich habe nichts getan. Aber wenn du mir die Handschellen abnimmst, ramme ich dich ungespitzt in den Boden!“

Ich drohte ihnen, weil in mir Panik aufstieg. Ich hatte Geschichten und Gerüchte über Polizeibrutalität gehört. Ich wollte einfach nur weg. In diesem Moment spielte das Geld keine Rolle mehr, ich wollte flüchten.

Ich kann mich nur noch daran erinnern, daß mein Leben vor mir ablief. Ich dachte, sie wollten mich umbringen. Ich saß in der Falle und suchte verzweifelt nach einem Ausweg.

Nach einigen weiteren Gewalttätigkeiten gingen die drei Polizisten, schlossen die Tür und löschten ein paar Sekunden später das Licht. Ich versuchte mein Bestes, ruhig zu bleiben, aber ich konnte nicht.

Es dauerte wohl eine Stunde, bis sie zurückkamen. Das Licht ging wieder an, und diesmal kamen fünf Beamte herein.

In einer anderen Ecke des Raums standen ein Tisch und mehrere Stühle, die mir vorher nicht aufgefallen waren. Einer der Beamten brachte einen Stuhl, stellte mich auf die Beine und schubste mich dann zum Stuhl.

Ein Polizist stand hinter mir und hielt meine Schultern, je einer stand auf der Seite und hielt einen Arm und ein Bein. Ein weiterer nahm zwei dicke Telefonbücher und stellte sich zu meiner Rechten, knapp hinter mir, ich konnte ihn nicht sehen.

Der fünfte Beamte nahm einen anderen Stuhl, kam herüber und setzte sich vor mich. Sie sagten kein Wort, sprachen auch nicht miteinander.

Mir wurde schlecht. Ich wußte, daß sie mich foltern würden, konnte aber nicht fassen, daß das nun passierte. Die ganze Sache war grauenhaft. Ich flehte sie an, mich gehen zu lassen, aber das machten sie nicht. Ich bat einen von ihnen darum, mir zu helfen. Ich atmete immer tiefer durch, während ich versuchte, mich zu entspannen und gleichzeitig auf den kommenden Schmerz vorzubereiten.

Plötzlich nickte der Beamte auf dem Stuhl dem Polizisten zu, der seitlich hinter mir stand.

Sofort wurde mein Kopf taub.

Der Mann hatte die beiden Telefonbücher auf meinen Schädel krachen lassen. Der Schmerz raste durch meine Wirbelsäule. Es war unerträglich.

„Warum hast du deinen Freund getötet?“ brüllte er. Speicheltropfen landeten in meinen Augen und meinem Gesicht.

„Ich habe keine Ahnung, wovon du redest!“ schrie ich.

Er schlug mich wieder.

„Wir wissen, daß du ihn umgebracht hast!“

„Ich habe niemanden umgebracht!“

Sie schlugen mich immer und immer wieder mit den Telefonbüchern. Ich versuchte, mit der Situation umzugehen. Ich versuchte, nicht zusammenzubrechen, aber ich konnte mich nicht zusammenreißen.

Telefonbücher sind schwer, und wenn man damit auf den Kopf geschlagen wird, verursacht das große Schmerzen. Wenn das zehnmal gemacht wurde, sieht man Sternchen. Es hinterläßt keine Spuren, aber es tut höllisch weh.

Ich war sicher, daß die ständigen Erschütterungen meines Gehirns Spätfolgen haben würden und überlegte mir, welche Verletzungen ich davontragen könnte.

Nach 20 Minuten hörten sie auf. Die Beamten standen plötzlich auf und gingen, das Licht wurde wieder ausgeschaltet.

Meine Nase blutete, ich konnte spüren, wie das Blut auf meine Lippen tropfte, ich schmeckte es. Mein Kopf pochte. Ich hatte Schmerzen. Unerträgliche Schmerzen in Nacken und Schultern. Wenn ich mit den Telefonbüchern noch ein paarmal geschlagen wurde, würde ich ohnmächtig werden.

Nach etwa einer Stunde kamen sie wieder zurück. Als sie diesmal das Licht anknipsten, traten etwa sechs oder sieben Bullen durch die Tür.

Ich hatte mich nicht gerührt, und als sie hereinkamen stießen sie mich vom Stuhl. Ich versuchte, aufzustehen, aber mit den Handschellen war das schwierig.

Der Polizeihauptmann stand vor mir, die anderen umzingelten mich. Er sagte nichts. Niemand von ihnen sprach, sie starrten mich nur an. Dann nickte der Hauptmann, und die anderen griffen nach mir.

Entsetzt bettelte ich um Gnade.

Diesmal hatten sie Stoffstücke zurechtgeschnitten. Sie drückten mich nach unten, hielten mir den Stoff vor die Augen und verbanden sie. Ich trug zwar bereits Handschellen, doch nun banden sie mir die Hände zusätzlich mit einem Tuch zusammen. Alles war vorbereitet, und sie wußten genau, was sie taten. Sie hatten das offensichtlich schon zu einem frühen Zeitpunkt gemacht.

Ich schrie um Hilfe. Ich betete, daß jemand kam und sie aufhielt. Ich hätte alles dafür gegeben. Ich flehte sie an, damit sie mich anhörten. Ich hörte nicht auf, aber sie zögerten keine Sekunde. Meine Bitten um Gnade wurden überhört.

Sie setzten mich im Schneidersitz auf den Boden. Aus der Richtung ihrer Stimmen konnte ich ausmachen, daß einer der Bullen hinter mir stand, einer an der Seite und der Hauptmann mit zwei anderen vor mir.

Sie ließen mich dann alle los, und ich wagte zu hoffen, die Folter habe ein Ende. Ich war mir aber nicht sicher, was passierte. Ich kann mich an einen Moment erinnern, an dem gar nichts passierte. Ich glaubte, sie seien zu Sinnen gekommen.

Ich fühlte mich wie betäubt und hatte Schmerzen. Ich hoffte, daß war das Ende der Folter.

Sekunden später fühlte ich ein Stück Metall in meiner Leistengegend.

Dann begannen sie, mir Stromschläge zu verabreichen, vermutlich mit einem Viehtreiber.

Die Schmerzen hatten eine unterschiedliche Stärke. Es kam darauf an, wie lange die Polizisten den Viehtreiber an meinen Körper hielten und welche Stromstärke sie eingestellt hatten.

Ich schrie vor Schmerzen. Ich hoffte, jemand würde mich hören, aber niemand kam.

Wenn man gefoltert wird, bekommt man ein surreales Gefühl der Ungläubigkeit. Man hofft, es wird aufhören, sobald man sich aber vergegenwärtigt, daß man in der Falle sitzt, versucht man, mit den Schmerzen fertig zu werden. Das bedeutet, daß der Folterer mehr und mehr Schmerzen verabreichen muß, um zum Ziel zu gelangen.

Niemand von ihnen hatte während der Folter ein Wort gesprochen.

Nun wurde diese Stille vom Hauptmann unterbrochen, der fragte, ob die Sache mit dem Viehtreiber schmerzhaft gewesen sei.

„Was glaubst du denn? Natürlich hat das verdammt weh getan!“ brüllte ich.

Alle lachten.

„Nein, nein, mein Freund“, sagte die Stimme. „Das hat nicht weh getan. Aber jetzt...“

Sie gaben mir ein paar weitere Stromstöße, doch diesmal hatten sie die Voltzahl erhöht. Der Schmerz war unerträglich.

Ein paar Stunden zuvor hatte ich im Büro des Hauptmanns gesessen, mit dem Offizier Bier getrunken und war gelobt worden, O’Connor geschnappt zu haben. Jetzt folterte er mich und lachte darüber.

Sie machten das noch ein paarmal und fragten mich dann wieder: „Warum hast du deinen Freund umgebracht? Wo hast du die Leiche versteckt? Wir wissen, du bist der Killer. Jetzt sage uns, warum!“

Ich rief um Hilfe. Ich versuchte zu erklären, daß ich niemanden getötet hatte. Ich hatte mit O'Connors Leibwächter gekämpft, aber der war nicht tot. Er war weggelaufen.

Jedes Mal, wenn ich eine Antwort gab, die sie nicht mochten, bekam ich einen Stromstoß.

Nach einiger Zeit bearbeiteten sie empfindlichere Stellen meines Körpers.

Sie zogen mir das T-Shirt aus und nahmen sich meinen Bauch vor, die Brustwarzen und die Seite meiner Brust. Als das nicht funktionierte, begannen sie mit meinen Hoden.

Der Stromstöße gingen mir durch und durch. Sogar meine Zähne schmerzten. Es war unglaublich und nicht auszuhalten. Meine Muskeln zogen sich bei jedem Stromstoß zusammen. Den Strom konnte ich in meinem gesamten Körper spüren.

Die ganze Zeit über stellten sie Fragen. Es ging weiter und weiter. Als sie irgendwann aufhörten, begann der Beamte hinter mir meine Schultern zu massieren. Er sagte, ich sei sehr stark, es wäre aber besser für mich, wenn ich gestand.

Ich wollte nichts gestehen, schon gar keinen Mord!

Jeder hat schon Geschichten über Polizeibrutalität und eigenwillige Verhörmethoden gehört, aber das hier war Folter – nichts anderes.

Sie ließen mich dann für kurze Zeit in Ruhe. Ich erinnere mich daran, daß jemand ins Zimmer kam. Ich hatte zwar noch die Augenbinde um, aber ich konnte die Tür hören, sie flüsterten auch.

Unerwartet, ohne Vorwarnung, griffen sie nach mir und preßten mich auf den Stuhl. Dann stülpten sie eine Plastiktüte über meinen Kopf und zogen sie in meinem Nacken zusammen. Ich begann, mich zu wehren. Ich konnte nicht atmen! Ich wehrte mich weiter, aber das hatte keinen Zweck.

Plötzlich ließ der Griff an der Plastiktüte nach, ich konnte wieder atmen.

Sie stellten dieselben Fragen.

„Warum hast du deinen Freund umgebracht? Wir wissen, du hast ihn getötet!“

Wieder sagte ich, daß ich nicht wisse, wovon sie sprachen. Ich sagte, ich hätte niemanden ermordet.

Der Griff an der Plastiktüte verstärkte sich, und ich versuchte zu atmen. Sie wußten, daß ich mich bemühte, meinen Atem so lange wie möglich anzuhalten, daher schlugen sie mir ins Gesicht, damit das nicht so einfach war.

Ich hatte das Gefühl, meine Lungen würden jeden Moment platzen.

Dann wurde alles schwarz. Ich weiß nicht, wie lange ich ohnmächtig war, aber sie holten mich mit einem Eimer kalten Wassers zurück.

Einer der Polizisten versetzte mir ein paar Ohrfeigen, damit ich wieder zu vollem Bewußtsein kam.

Dann sagten sie: „Wir bringen dich jetzt um. Du machst zu viel Ärger.“

Einer nahm eine Waffe, hielt sie an meinen Kopf und drückte langsam den Abzug, ich konnte es hören.

„Sag’, du hast ihn getötet oder wir töten dich! Gestehe! Sag’, du hast getötet!“ Die Stimme befand sich dicht neben meinem Ohr.

Sich zu wehren, hatte keinen Zweck. Sie hielten mich fest, und ich hatte nicht mehr die Kraft, dagegen anzukommen.

„Sag’, du hast ihn getötet oder wir töten dich! Wenn du nicht gestehst, stirbst du wie dein Freund!“

„Es ist ganz einfach“, sagte der Hauptmann. „Wir sagen, du wurdest auf der Flucht erschossen. Kein Problem.“

Die Pistole bohrte sich in meine Schläfe.

„Jetzt werden wir dich ganz sicher umlegen!“

„Sag’, du hast getötet!“

Wieder und wieder sagte ich ihnen, ich hätte niemanden umgebracht, aber sie wollten das nicht hören.

Wenn sie mich töten wollten, gab es nichts, das ich tun konnte, um sie davon abzuhalten. Ich wollte nicht sterben, akzeptierte aber die Tatsache, daß es nun passieren würde.

Aber ich würde nicht gestehen.

Als sie merkten, daß ich dem Tod ins Auge blickte und es mich nicht weiter kümmerte, fingen sie wieder an, mich zu schlagen.

Einer von ihnen nahm mich in den Schwitzkasten. Sie stülpten wieder eine Plastiktüte über meinen Kopf, doch diesmal befand sich keine Luft darin, das Plastik klebte an meinem Gesicht.

Sie waren so schnell gewesen, daß ich mich nicht darauf vorbereiten und vorher Atem holen konnte. Es dauerte nur Sekunden, bis ich nach Luft rang. Ich fühlte, wie ich bewußtlos wurde. Nun würde ich sterben.

Ich hatte durchgehalten, aber in diesem Moment, wenn sie versprochen hätten, mich in Ruhe zu lassen, hätte ich gestanden, John F. Kennedy erschossen zu haben. Niemand will sterben, der menschliche Instinkt schreibt vor, alles dafür zu tun, um am Leben zu bleiben. Sie hatten mich etwa fünf Stunden lang gefoltert, ich hatte das Gefühl, als ob es Tage gewesen waren.

Jeder Mensch stößt irgendwann an seine Belastungsgrenze, und nun war es bei mir soweit. Ich konnte es nicht mehr aushalten. Ich hätte alles dafür getan, um diesen Alptraum zu beenden. Ich brach zusammen.

„Okay, okay!" schrie ich. „Was immer ihr wollt!"

Sie sagten keinen Ton. Sie nahmen nur die Plastiktüte weg und die Augenbinde.

Ich fühlte mich unglaublich erleichtert, gleichzeitig aber grauenhaft. Ich war mir nicht sicher, ob sie mich nicht noch einmal angreifen würden.

Ich wurde durch das Licht geblendet, nahm aber kurze Zeit später meine Umgebung wahr. Ich konnte nicht glauben, was ich sah.

O'Connor befand sich im Raum. Er hatte die Polizisten bei der Folter beobachtet. Er saß da und lächelte mich an.

Am liebsten wäre ich gestorben. Ich hatte immer geglaubt, ich sei im Recht gewesen, als ich O'Connor jagte. Nun hinterfragte ich jede Entscheidung, die ich in den letzten Jahren getroffen hatte. Was hatte ich nur getan?

Das Gefühl völliger Trostlosigkeit wurde verschlimmert, als ich in einer Ecke des Zimmers eine Videokamera auf einem Stativ erspähte. Die Schweine hatten alles gefilmt.

„Was soll das, verdammt?“ fragte ich den Typen hinter der Kamera.

Er lächelte und sagte: „Schulung. Wie benutzen den Film für Schulungszwecke.“

Sie wollten den Folterfilm anderen Bullen zeigen, um ihnen beizubringen, wie sie anderen Schmerzen zufügen konnten.

Wie ich bereits ausführte, bricht irgendwann jeder einmal zusammen, und nun war es bei mir soweit. Zu diesem Zeitpunkt gab ich jede Hoffnung auf.

Die Polizisten beobachteten mich verhalten. Einer von ihnen sagte, sie würden mir ein Protokoll geben, das ich unterschreiben mußte.

Ich sagte, ich würde tun, was immer sie verlangten. Sie sahen sich gegenseitig überrascht an.

Ich mußte mich dann an einen Tisch setzen. Der Bulle, der während der Folter hinter mir gestanden hatte, stand wieder hinter mir.

Er begann, meine Schultern zu massieren. Ich habe selbst jetzt noch das Gefühl, seine Finger dort zu spüren.

Ich sei sehr stark, wiederholte er. Normalerweise reichten 20 Minuten. Fünf Stunden sei ein neuer Rekord.

Mir wurde schlecht. Es war alles nur ein Spiel für sie. Dieser Mann war ein perverser Sadist.

Dann wurde das Geständnis gebracht. Es bestand aus mehreren Seiten, alles auf Thai geschrieben.

Mir wurde gesagt, wo ich unterschreiben mußte, und ich unterzeichnete. Sobald ich meinen Namen unter das Protokoll gesetzt hatte, brach die Welt um mich herum völlig zusammen.

Ich wußte, daß ich gerade mein Leben weggeworfen hatte, aber es interessierte mich nicht weiter. Ich war ein gebrochener Mann.

Nach der Unterschrift wurde ich aus dem Raum in einen großen Saal geführt. Ich mußte mich mit O'Connor und mehreren Beamten hinter einen Tisch stellen. Es dauerte nur einen Augenblick bis Kamerateams und Reporter hereinstürmten und mich mit Fragen bedrängten.

Ich verstand nicht, was geschah. Ich war wie betäubt, war über das Trauma der Folter noch nicht hinweggekommen. Ich war verwirrt.

Ich weiß nicht mehr, welche Fragen sie stellten oder wer antwortete. Ich kann mich nur noch daran erinnern, daß ein Reporter fragte: „Haben Sie ihn getötet?"

Ich antwortete nicht. Ich deutete auf O'Connor und sagte: „Er hat mein Geld gestohlen. Das ist alles, woran ich mich erinnere."

Die Pressekonferenz dauerte nur ein paar Minuten, hatte aber die erwünschte Wirkung. Die Fotografen durften einige Bilder von mir machen, bevor ich abgeführt wurde.

Mir fiel auf, daß meine Handgelenke in Höhe der Handschellen aufgeschürft waren. Das war vermutlich während der Stromschläge passiert, ich hatte das aber vorher nicht gespürt.

Mein gesamter Körper schmerzte. Meine Hände zitterten, jeder Muskel und Nerv schien zu brennen.

Ich hatte kein Gefühl in meiner rechten Hand, sie war völlig taub. Vermutlich hatte ich mir mit den Handschellen einen Nerv eingeklemmt. Es dauerte drei Wochen, bis ich wieder ein Gefühl in der Hand hatte.

Dann kam ich in eine Einzelzelle.

Ein paar Stunden später, gegen 23 Uhr, erschien die Polizei aus Chonburi. Sie sagten, sie würden mich nach Chonburi bringen und am nächsten Tag zum Tatort führen, wo der Kampf mit Holdsworth stattgefunden hatte.

Ich wurde unsanft auf den Beifahrersitz eines Fahrzeuges gestoßen und noch in der Nacht nach Chonburi gebracht.

Nach Mitternacht kamen wir dort an, und ich wurde in das Büro des Revierleiters geführt.

Der Revierleiter bestellte ein paar Sandwiches und gab mir eine Büchse Bier. Er entschuldigte sich dafür, daß es nur Thai-Bier war und fragte, ob mich die Polizei in Bangkok gefoltert hatte. Ich vertraute ihm nicht, aber ich war verzweifelt.

Ich zeigte ihm meine Handgelenke und meine Brust und erzählte, was sie fünf Stunden lang mit mir angestellt hatten.

„Ja", sagte er. „Die Touristenpolizei in Bangkok ist sehr, sehr schlecht. Aber keine Sorge, deren Methoden benutze ich nicht."

Dann lächelte er.

Er stellte sich als Aneke vor. Er sprach gut Englisch. Dann brachte er mich zu einer Zelle, in der sich etwa 60 thailändische und burmesische Gefangene befanden. Ich war dort der einzige Europäer.

Erschöpft und immer noch mit Schmerzen, fand ich einen Platz auf dem Boden und versuchte, etwas zu schlafen. Einfach war es nicht, aber ich war erschöpft, und irgendwann schlief ich ein. Ich betete leise, als ich auf dem Boden lag. Ich hätte alles dafür getan, jetzt zu Hause bei Frau und Kind zu sein, aber dafür war es nun zu spät. Mein Leben sollte sich für immer ändern.

Am nächsten Morgen wurde ich ins Büro von Aneke geführt. Mir wurden Kaffee und Kekse serviert. Etwa eine halbe Stunde später kamen zwei Männer.

Aneke meinte, die beiden wollten etwas mit mir besprechen. Holdsworth, sagte er, sei tot.

# 7

Ich wurde in ein Zimmer geführt, um die beiden Männer zu treffen. Ich dachte, sie seien von der irischen Botschaft, aber ich irrte mich. Sie trugen Anzüge und stellten sich als Diplomaten der neuseeländischen Botschaft vor.

Ich traute der Polizei nicht, aber die beiden Diplomaten bestätigten, sie hätten gerade eine Leiche identifiziert. Holdsworth war tatsächlich tot – und ich wurde beschuldigt, ihn umgebracht zu haben.

Ich war verblüfft. Ich hatte ein Geständnis unterschrieben, in dem ich den Mord zugab. Nun hatten sie die Leiche. Ich bekam einen Schock.

Die Diplomaten fragten, ob es mir gut ginge und ob sie etwas für mich tun konnten. Ich bat darum, meine Botschaft zu verständigen. Die Situation geriet außer Kontrolle. Ich wußte, ich brauchte Hilfe.

Ich fragte die beiden, wie Holdsworth gestorben war.

Sie sahen mich einen Moment an und sagten: „Wir müssen auf die Autopsie warten, bevor wie die Todesursache kennen, aber es steht fest, daß Mr. Holdsworth in eine Schlägerei geraten ist."

„Sie wußten wirklich nicht, daß er tot ist?" fragte Revierleiter Aneke.

„*Woher* soll ich das wissen?" antwortete ich. „Ich sagte Ihnen bereits, ich habe mit ihm gekämpft, ihn aber sicherlich nicht umgebracht!"

„Vielleicht haben Sie zu fest zugeschlagen", sagte Aneke.

Er konnte sehen, wie überrascht ich war. Ich hatte wirklich geglaubt, es handelte sich um ein böses Spiel, das O'Connor mit mir trieb, um mich ins Gefängnis zu bringen. Nun mußte ich mich mit dem Gedanken abfinden, daß

Holdsworth wirklich ermordet worden war. Aber ich wollte immer noch nicht glauben, daß ich ihn ins Jenseits befördert hatte.

Nichts ergab einen Sinn. Nach der Schlägerei hatte O'Connor den Scheinwerfer in seinem Wagen benutzt, um Holdsworth zu suchen, aber wir konnten ihn nicht finden.

Ich hatte gedacht, er sei weggelaufen.

Ich ging die Einzelheiten der Ereignisse immer wieder durch.

Wurde er von einem anderen getötet? War er vielleicht benommen und orientierungslos in ein Auto gerannt?

Oder war er später an einer Gehirnerschütterung gestorben? Hatte ich zu fest zugeschlagen, wie Aneke sich ausdrückte?

Es half nicht viel, wenn niemand wußte, wo oder wie Holdsworth starb. Wenn die Polizei nicht wußte, wie er starb, wie konnten sie mich dann des Mordes an ihm bezichtigen?

Aber ich war in Thailand gefangen, und dort war alles möglich.

Komischerweise konnte ich nur an O'Connor denken und daran, wie sich die Lage geändert hatte. Er war der Verdächtige, nicht ich.

Ich hatte ihn wegen Betruges und Diebstahls festnehmen lassen. Er war derjenige, der 15 oder 20 Jahren Gefängnis entgegen blicken sollte.

Ich ging jedes mögliche Szenario durch.

Jemand mußte O'Connor nach seiner Verhaftung gesagt haben, daß Holdsworth tot war oder O'Connor log, als er gesagt hatte, er könne den Leibwächter im Scheinwerferlicht nicht sehen. Und das aus ominösen Gründen, die nur O'Connor allein kannte.

Die Wahrheit war, daß nichts einen Sinn ergab.

Ich war verwirrt und hatte das erste Mal als Erwachsener Angst. Ich wußte, ich steckte in ernsthaften Schwierigkeiten.

Dienststellenleiter Aneke wußte das auch. Als die Diplomaten gegangen waren, nahm er mich mit in sein Büro und sagte, ich solle mich entspannen.

Er sagte, er habe O'Connor verhört, und glaube, bei ihm handele es sich um einen wirklichen Kriminellen, der ständig log. Dann machte er ein Angebot.

Er sagte, wenn ich 300.000 Baht zahlte, würde er mir Kaution gewähren. Tatsächlich meinte er, ich solle ihn direkt bezahlen, damit er mich gehen ließ. Wenn ich gegen die Bewährungsauflagen verstieß, konnte er das Geld behalten.

Er sprach mit gespaltener Zunge.

Ich sagte ihm, ich hätte nicht so viel Geld. Er sagte, ich sollte versuchen, es aufzutreiben. Bis heute weiß ich nicht, ob er die Situation zu seinen Gunsten ausnutzte oder wirklich versuchte, mir zu helfen.

Als er mich zur Tür brachte, sagte er, ich solle versuchen, das Geld zu bekommen. Er sagte, mein Leben hinge höchstwahrscheinlich davon ab.

Ich wurde zu den Zellen gebracht und für die nächsten zwei Tage mit 60 weiteren Häftlingen gefangen gehalten. Es gab nur zwei Zellen – eine für Frauen und eine für Männer – und beide waren voll.

Mir wurde erlaubt, mit meiner Schwester in Irland zu telefonieren.

Sie merkte sofort, daß es mir nicht möglich war, richtig zu sprechen. Ich hatte während der Schlägerei mit Holdsworth eine Verletzung an der Lippe davongetragen und während der fünfstündigen Folter auf meinen Gaumen gebissen.

Sie wirkte sehr verzweifelt und fragte immer wieder, ob es mir gut ginge.

Mein jüngerer Bruder rief mich ebenfalls an. Er konnte nicht glauben, daß man mich des Mordes bezichtigte.

Die irische Botschaft schaltete sich nun ein. Sie riefen an, um zu sagen, daß ein Rechtsanwalt in Bangkok für mich beauftragt worden war. Mir wurde gesagt, abzuwarten, bis mich der Anwalt besuchte.

Am Nachmittag erschien die Touristenpolizei aus Bangkok. Ich war entsetzt.

„Wir müssen einen Film drehen“, sagte einer von ihnen.

Sie schienen das alles sehr witzig zu finden, aber ich wußte, sie machten keine Scherze.

Sie wollten mich zum Tatort bringen, an dem die Schlägerei stattgefunden hatte. Sie sagten, ich solle ihnen zeigen, was passiert war.

Ich klammerte mich an die Hoffnung, daß ein Rechtsanwalt die Einstellung des Verfahrens problemlos erreichen konnte.

Aber mir dämmerte, daß das thailändische Justizsystem anders war. Es gab jede Menge Regeln und juristische Vorschriften, aber niemand befolgte sie. Mit dem Ergebnis, daß das Gesetz des Dschungels galt.

Ich rief den Anwalt an, der von der irischen Botschaft bestellt worden war, und er sagte, ich solle tun, was die Polizei verlangte, weil dies meine Unschuld beweisen könnte. Davon hatte ich noch nie gehört, fügte mich aber widerwillig. Ich glaubte ständig, daß ich jeden Moment freigelassen werden würde. Aber das redete ich mir nur ein, denn ich konnte den Gedanken nicht ertragen, was noch alles auf mich zukäme, wenn dies nicht der Fall war.

Einige Stunden später wurde ich zu der Stelle gefahren, von der sie annahmen, es handele sich um den Tatort. O’Connor wartete bereits mit der Touristenpolizei auf mich, als ich dort ankam. Er sah gut aus und machte einen gelassenen Eindruck.

Zusammen mit Polizisten und Kommissaren tummelten sich mehrere Kamerateams und Fotografen am Tatort. All das war völlig bizarr.

O'Connor hatte sie genau zu der Stelle geführt, an der die Schlägerei stattgefunden hatte.

Als ich näher hinsah, konnte ich deutlich die Stelle erkennen, an der Holdsworth und ich kämpfend in den Straßengraben gerollt waren.

Die Böschung war höher als ich dachte, etwa zwei oder drei Meter. Unten sah ich eine etwa sechs Quadratmeter große Stelle, auf der die Gräser nach unten gedrückt waren. Dort hatten wir gekämpft und waren umhergerollt.

Die Zeichen des Kampfes waren alle da, und an einigen Stellen konnte man auch Blutspuren entdecken. Es sah aber eher so aus, als ob sich jemand beim Rasieren geschnitten hatte.

Der Polizeihauptmann aus Bangkok, der meine Folter beaufsichtigt hatte, war der Chef vom Dienst.

Er sagte mir, wohin ich gehen und wie ich mich hinstellen sollte. Dann rief er: „Action!" und alle machten Bilder und filmten.

Als gebrochener Mann entschloß ich mich, ihren Anweisungen Folge zu leisten. Mehr als alles andere, befürchtete ich, wieder gefoltert oder sogar umgebracht zu werden. Die Drohung war mir noch deutlich in Erinnerung.

Am Tatort beobachtete ich die Polizei dabei, wie die letzten Mängel der Verschwörung ausgebügelt wurden.

Wie sie sich bewegten und was sie sagten, ließ darauf schließen, daß sie die Medien bereits über mein Geständnis informiert hatten, und ich freiwillig dabei half zu zeigen, wie ich Holdsworth ermordet hatte.

Wenn ich mich nicht bewegte oder nicht tat, was mir befohlen wurde, sagte der Chef: „Erinnerst du dich an die Plastiktüte? Mach alles, was dir gesagt wird – oder wir bringen dich zurück nach Bangkok!"

Ich konnte mich noch an einige Szenen des Kampfes erinnern: ein Fausthieb hier, ein Kopfstoß dort, aber es gab eine Menge, an das ich mich nicht mehr entsinnen konnte. Ich vermute, ich hatte das verdrängt.

Deshalb machte ich, was mir befohlen wurde und stellte mich wie angewiesen hierhin und dorthin. Ich hatte keine Lust auf weitere Folter.

Irgendwann fragte ich, wo der Leibwächter zu Tode gekommen sein soll. Es gab kein abgeriegeltes Gebiet oder Polizeisperren. Mir wurde befohlen, den Mund zu halten.

Nachdem die Polizei Aufnahmen gemacht und die Angelegenheit gefilmt hatte, wurde ich wieder in die Zelle nach Chonburi gebracht.

Als mir gerade klar wurde, daß es nicht schlimmer kommen konnte, wurde ich aus der Zelle in ein leeres Konferenzzimmer geführt.

Mit Handschellen saß ich dort einige Minuten alleine, bis Revierleiter Aneke zusammen mit einem Mann und einer Frau auftauchte. Beide waren aus dem Westen.

Die Frau sah mich an und begann zu schreien.

„Ist er das?“

„Ja“, sagte Aneke.

Daraufhin griff mich die Frau physisch an.

„Du Schwein! Du hast meinen Bruder getötet! Ich hoffe, du schmorst für immer in der Hölle, du Scheißtyp!“

Sie war hysterisch. Ich glaubte, sie würde versuchen, mir den Kopf abzureißen. Ihr Ehemann versuchte, sie zu beruhigen, aber ohne Erfolg.

Der Mann war äußerst aufgebracht und schien sich kaum beherrschen zu können. Zwar sagte er kein Wort, funkelte mich aber böse an. Er war wie ein Rugbyspieler gebaut – und ich saß in Handschellen neben einem Fenster im zweiten Stockwerk. Jeden Moment konnte er mich packen und durchs Fenster werfen. Nie im Leben würde die Polizei versuchen, ihn aufzuhalten. Wenn ich Glück hatte und ich nicht durch die Glassplitter umkam, dann durch den Sturz.

Schließlich beruhigte sich die Frau und sagte: „Ich will wissen, warum!“

Sie schluchzte nun unkontrolliert.

Ich wußte, das war der falsche Moment, alles von Anfang an zu erklären, daher sagte ich ihr schlicht die Wahrheit.

Zum einen hatte ich ihren Bruder nicht getötet. Zum anderen hatte ihr Bruder versucht, mich umzubringen. Ich sagte ihr, daß es einen Kampf zwischen ihrem Bruder und mir gegeben hatte, aber seitdem hatte ich ihn nicht mehr gesehen.

Ich sagte ihr, ich sei gefoltert worden und daß mir gesagt wurde, er sei tot.

Zum Schluß sprach ich ihr mein Beileid aus – aber ich sei nicht derjenige, der Holdsworth umgebracht hatte.

Die Frau sah Revierleiter Aneke an und fragte: „Ich dachte, Sie haben gesagt, er hat gestanden?“

Revierleiter Aneke lächelte. „Ja“, sagte er. „Das ist, was mir die Touristenpolizei erzählt hat.“

Ich fand die gesamte Situation sehr unbehaglich. Es war auch gefährlich und erniedrigend. Ich bat darum, in die Zelle geführt zu werden.

Dienststellenleiter Aneke teilte einem Beamten mit, er solle mich in den Raum führen, in dem die Touristenpolizei wartete. Sie übergaben mir einige Dokumente zur Unterschrift, so auch O’Connors Anzeige.

Während das passierte, lag O’Connors Paß auf dem Tisch, daher griff ich danach. Es handelte sich nicht um den Paß, den O’Connor mir gezeigt hatte. Und die Seriennummer war eine andere.

Ich fragte die Polizei, ob sie überprüft hätten, ob er gefälscht war.

Meine Frau Nanglung kam zu dieser Zeit. Sie erzählte mir, sie sei aus dem gemieteten Haus ausgezogen und wohne nun bei ihrer Mutter.

Sie fragte mich, ob ich der Polizei von ihren Brüdern erzählt hatte. Ich sagte, daß dies nicht der Fall sei und sie bat darum, es auch weiterhin nicht zu tun.

Sie sagte, wenn ich der Polizei die Namen nannte, würden sie auch verhaftet werden. Ich versprach, die Namen nicht zu erwähnen.

Sie hatten in der Tat überhaupt nichts gemacht. Es gab keinen Grund, von ihnen zu erzählen.

Zurückblickend ist klar, daß sich Nanglung um mich keine Sorgen machte. Sie liebte mich nicht, unsere Ehe ermöglichte ihr ein bequemes Leben. Ich wußte das, aber sie war die einzige, die die Verbindung nach draußen aufrecht erhalten konnte.

In diesem Moment spielte nur das eine Rolle für mich.

Ich blieb drei weitere Tage in Polizeigewahrsam. Es gab keine weiteren Verhöre und glücklicherweise keine Folter mehr.

In Wahrheit behandelte mich Revierleiter Aneke sehr gut. Jeden Morgen ließ er mich auf einen Kaffee in sein Büro kommen, und die meisten Nachmittage gab er mir ein oder zwei Bier – damit ich besser schlafen konnte.

Später ging mir auf, daß er nur sein Englisch verbessern wollte.

Ich verbrachte über zwei Wochen auf dem Sri-Racha-Polizeirevier in Chonburi. Auch wenn die Gegebenheiten in der Zelle unter europäischen Gesichtspunkten unmenschlich waren, so waren sie luxuriös im Vergleich zu dem, was danach kam.

Am 5. August desselben Jahres wurde ich wegen Mordverdachts vom Ermittlungsrichter in eines der verkommensten und gefährlichsten Gefängnisse der Welt geschickt.

# 8

Das thailändische Justizsystem ist durch und durch korrupt. Kriminelle können sich aus allen Schwierigkeiten problemlos herauskaufen, wenn sie die richtigen Verbindungen und genug Geld haben. Um es einfacher zu sagen: Es gibt keine Gerechtigkeit.

Ich hatte niemals einen thailändischen Gerichtssaal von innen gesehen. Ich wußte, daß einige Beamte korrupt waren, hätte aber nicht gedacht, daß Kriminalität und Korruption derartig epidemische Ausmaße angenommen hatten.

Die Polizei von Chonburi transportierte mich mit einem Pick-up zum Gericht. Dort wurde ich in ein kleines Zimmer gebracht, in dem ich durchsucht wurde.

Einer der Wärter forderte mich auf, Schuhe und Socken auszuziehen. Ich sah auf den Boden. Der war völlig naß, weil die einzige Toilette übergelaufen war. Essenreste lagen überall, Scheiße und Müll. Und die wollten, daß ich barfuß herumlief!

Nach einem starken Stoß in die Rippen mit einem Schlagstock, entschied ich, es sei sicherer, dem Befehl zu folgen, daher zog ich Schuhe und Socken aus. Es war widerlich.

Sobald ich die Zelle betreten hatte, fiel mir auf, daß jeder um seine Fußgelenke rostige Ketten trug. Ich bemerkte drei Ausländer, die in einer entfernten Ecke saßen, weit weg von den thailändischen Gefangenen. Ich ging zu ihnen und stellte mich vor. Sie konnten höchstwahrscheinlich Englisch sprechen.

Einer der Häftlinge stellte sich als Bruno vor.

„Was hat es mit den Fußketten auf sich?“ fragte ich.

„Gewöhn’ dich dran. Jedes Mal, wenn du zum Gericht fährst, mußt du sie tragen.“

Er sagte, er sei seit über zwei Jahren im Gefängnis, daher nahm ich an, er war mit dem Procedere vertraut.

Ich bemerkte ein paar thailändische Gefangene mit sauberen, glänzenden Fußketten, daher fragte ich Bruno, weshalb sie keine rostigen trugen, so wie alle anderen auch.

Bruno lachte und erklärte, daß den Typen mit den sauberen Ketten Mord vorgeworfen wurde. Die Mordverdächtigen mußten die Fußketten 24 Stunden pro Tag tragen – bis deren Gerichtsverhandlung vorüber war.

Er fragte mich dann, was mir vorgeworfen wurde.

„Mord“, seufzte ich.

„Keine Sorge“, sagte er. „Sie nehmen sie ab, sobald das Gerichtsverfahren abgeschlossen ist.“

„Wie lange dauert das?“ fragte ich.

„Etwa vier oder fünf Jahre“, sagte er sachlich.

Ich glaubte kein Wort. Ich dachte, er würde mich aufziehen. Ich stellte ein paar weitere Fragen über Gericht und Gefängnis, aber ich glaubte nicht, was er sagte.

Schließlich wurde mein Name aufgerufen, und ich schloß mich einer Gruppe von etwa 20 Mitgefangenen an. Barfuß marschierten wir aus der Zelle zum Gerichtsaal im ersten Stock.

Ein Beamter kam herein, rief jeden Namen auf und sagte dann: „Zwölf Tage Untersuchungshaft.“

Das war alles. Es gab keinen Richter, keinen Verteidiger und keine Anhörung.

Immer noch verletzt und den Schock verarbeitend, mußte ich ein paar Papiere unterschreiben. Die Dokumente waren alle auf Thai, ich konnte sie nicht lesen. Ich hatte die Wahl: Entweder unterzeichnete ich oder ich wurde geschlagen.

Dann wurden wir alle in die Zelle zurückgeführt. Unten angekommen, warteten wir mehrere Stunden, bis alles im Gericht erledigt war.

Das war es: Nun würde ich ins Gefängnis kommen.

Rückblickend erinnere ich mich, daß ich mir einredete, jemand käme und würde mich herausholen. Die ganze Sache war ein Mißverständnis. Ich versuchte mich unbewußt davon zu überzeugen, daß ich gerettet werden würde.

Nach alledem brauchte ich etwas, woran ich glauben konnte. Ich war gefoltert worden, ich hatte ein Mordgeständnis unterschrieben, und ich war nun der Gnade eines Justizsystems ausgeliefert, das von Kriminellen gesteuert wurde.

Als der Typ vor mir aufstand, folgte ich und wurde gezählt, als ich die Zelle verließ.

Ich erinnere mich, daß ich an meine Familie in Irland dachte und über den Alptraum grübelte, der mir widerfuhr, während ich mich in eine Schlange stellte, um in den Bus zu steigen.

Die Szene erinnerte mich an Dokumentationen, die ich über Konzentrationslager im 2. Weltkrieg gesehen hatte.

Der Gefängnisbus war für maximal 50 Mann ausgelegt mit jeweils einer langen Holzbank auf jeder Seite und Stehplätzen dazwischen.

An diesem Tag schlugen, schubsten und schoben die Wärter mindestens 120 Gefangene in das Fahrzeug. So etwas hatte ich noch nie erlebt.

Ich war zwischen 120 stinkenden Leibern eingeklemmt. Jemand stand auf meinem Fuß, jemand hatte seinen Ellenbogen in meinem Rücken, während irgendeine Schulter in meine Kehle drückte.

Ich konnte mich kaum bewegen. Im Bus gab es keine Glasfenster, nur Gitter und Drahtnetze. Die Hitze war erdrückend.

Wir wurden wie Tiere behandelt. Den Fahrer kümmerte seine menschliche Fracht wenig. Er fuhr zu schnell und mußte vor Kurven oft stark abbremsen. Das führte dazu, daß die Passagiere in Fahrtrichtung kippten und sich gegenseitig quetschten.

Man konnte nicht fallen, denn es gab keinen Platz zum Hinfallen. Wir waren eingepfercht und hielten uns gegenseitig aufrecht.

Ich kann mich noch gut an den Moment erinnern, als ich das Gefängnis betrat. Wir wurden in einem etwa 20 Quadratmeter großen Hof abgeladen. Hier begannen die Brutalitäten.

Gefesselt mußten wir aus dem Bus heraus. Die neuen Gefangenen wurden in einer Reihe aufgestellt. Das waren mit mir zusammen etwa 15 Häftlinge, und wir mußten an der Seite antreten.

Die Gefangenen zogen ihre T-Shirts aus und lösten die Schnur, die ihre Shorts zusammenhielt. Ich wußte nicht, was ich tun sollte und machte es einfach den anderen nach.

Ich versuchte, am Leben zu bleiben und mich zu fügen. Ich war überzeugt davon, daß ich getötet werden würde, falls ich aus der Reihe tanzte.

Die Wärter waren alle ehemalige Armee-Fallschirmspringer. Sie sahen auch wie Soldaten aus. Sie trugen Camouflage und Fallschirmspringer- und andere Abzeichen sowie Springerstiefel. Und sie trugen schwere Schlagstöcke aus Holz – fünf oder sechs Zentimeter im Durchmesser und einen Meter lang.

Jeder nannte sie Kommandotruppen oder Kommandos. An diesem Tag waren etwa sechs von ihnen damit beauftragt, sich um uns zu kümmern.

Einige der Wärter trugen etwas, das aussah wie Uniformen von Wachmännern, aber mit kurzen, nicht langen Hosen. Auch sie trugen Schlagstöcke.

Ich sollte noch herausfinden, daß diese Wärter Trustys waren – oder Blauhemden. Bei ihnen handelte es sich um Häftlinge, die als Hilfswärter eingesetzt wurden. Sie sahen alle bedrohlich aus und waren sicherlich zu allem fähig.

Ein Kommando marschierte durch die Reihen der Häftlinge, stellte sich vor jeden Mann und zwang ihn, den Mund zu öffnen und die Zunge heraus zu strecken. Der Wärter spähte in den Mund eines jeden Mannes, um sicherzugehen, daß dort nichts versteckt war.

Jeder Gefangene wurde dann gezwungen, die Shorts rutschen zu lassen und sich zu entblößen. Der Kommando zwang jeden von uns, unseren Penis und die Hoden zu heben und dann die Vorhaut zurückzuschieben.

Was wie ein Ritual menschlicher Erniedrigung klingt, war noch nicht vorbei. Wir mußten uns dann umdrehen und vorbeugen und die Pobacken spreizen, damit ein anderer Kommando unseren Anus untersuchen konnte. Jeder mußte das machen, während der Wärter die Reihe entlang schritt.

Wenn jemand zu langsam war, wurde er geschlagen.

Die Kommandos haßten die Gefangenen. Sie hatten etwas Finsteres an sich, während sie sich zwischen uns bewegten. Ich konnte erst nicht sagen, was es genau war, aber es war da.

Sie sahen einem nie in die Augen oder sprachen mit den Gefangenen. Ich kann sie nur als unmenschlich beschreiben.

Mit der Zeit fand ich heraus, daß sie regelmäßig und systematisch eine kleinere Anzahl von Häftlingen entwürdigten, um uns unter Kontrolle zu halten. An diesem Tag suchten sie zwei oder drei aus, die sich ohne offensichtlichen Grund an die Seite stellen mußten.

Die neuen Gefangenen waren die letzte Gruppe, die sich an diesem Tag diesem Martyrium unterziehen mußte. Uns wurde aufgetragen, uns nackt auszuziehen und die Kleidung auf einen Haufen vor uns zu legen. Wir taten, was uns befohlen wurde.

Dann kam ein Trusty und durchsuchte unsere Kleider und andere Habe. Keine langen Hosen oder Jeans waren erlaubt, aus meinen wurden kurzerhand Shorts gemacht. Die Trustys nahmen uns Schmuck und Uhren ab. Mir wurde sofort klar, daß ein Kommando einfach eine Uhr nehmen konnte, wenn sie ihm gefiel. Wenn er einen Ring wollte, dann nahm er ihn.

Als wir dort standen, war ein Typ dumm genug zu protestieren, als sich ein Kommando für seine teuer aussehende Golduhr interessierte. Der Typ sagte, die Uhr sei ein Geschenk seiner Mutter, er könne einfach nicht zulassen, daß sie weggenommen wurde.

Der Kommando sah ihn an, ließ die Uhr fallen und zertrat sie mit dem Absatz seines Stiefels. Wenn er sie nicht haben konnte, dann sollte niemand sie haben.

Einer nach dem anderen marschierten wir nackt an dem Kommando vorbei, der sich hingesetzt hatte. Dieser Mann war der Chef. Er fragte, was uns vorgeworfen wurde. Wir antworteten einzeln. Dann deutete er mit seinem Stock auf unseren Schritt.

Wir hoben unsere Penisse und Hoden an, zogen die Vorhaut zurück, drehten uns um, bückten uns, und er untersuchte den Anus. Es war erniedrigend.

Die anderen Häftlinge lachten über unsere Verlegenheit und Hilflosigkeit. Etwa 100 Leute lachten über diese schreckliche Erfahrung, die wir machen mußten.

Aber es war noch nicht vorbei. Der Kommando suchte mich und zwei andere Leute aus und befahl uns, zu den anderen zu gehen, die er zuvor ausgewählt hatte. Ich gehörte zu den Wenigen, die er herausgegriffen hatte.

Als ich dort stand, immer noch nackt, kam ein Trusty mit einem Eimer Wasser und einem Stück Seife. Er sagte, wir sollten unsere Hintern einseifen, während er sich Gummihandschuhe überstreifte.

Der erste Mann in der Reihe gehorchte ohne Widerrede. Er seifte den Arsch ein und beugte sich nach vorne. Der Trusty steckte zwei oder drei Finger in den Anus des Gefangenen.

Nach ein paar Sekunden zog er die Finger heraus, steckte die Hand in den Eimer und ging zum nächsten Mann, und zum nächsten. Ich war der Fünfte in der Reihe.

Als der Trusty zu mir kam, sagte er: „Hey du, Ausländer. Du bist der nächste."

Ich sagte ihm, er könne mich mal am Arsch lecken.

Der Kommando ging ruhig auf mich zu.

„Was hast du gesagt?"

Ich sagte, daß ich niemandem erlaubte, mich auf diese Weise zu untersuchen. Ich sagte, es interessiere mich nicht, was sie machten, niemand würde seine Finger in meinen Arsch stecken. Sobald ich das gesagt hatte, geriet ich in Panik. Ich fürchtete, ich würde vergewaltigt, oder Schlimmeres.

Verzweifelt suchte ich nach einem Weg, um mich herauszureden. Ich wies darauf hin, daß der Trusty denselben Handschuh bei jedem Gefangenen benutzt hatte, aber seine Hand nur in Wasser getaucht habe. Ich sagte, das Risiko, sich Aids einzufangen, war hoch.

Ich sagte dem Kommando, wenn mein Rektum untersucht werden sollte, so hätte ich nichts dagegen, er solle aber bitte einen Arzt damit beauftragen.

Ich wußte, der Kommando mußte mich wegen Ungehorsams schlagen, aber ich hatte mich entschlossen, es ihm nicht so einfach zu machen. Es gibt Momente, da bin ich mutig, oder dumm, und in diesem Moment interessierte es mich nicht, ob ich geschlagen oder erschossen wurde.

Der Kommando lächelte, schlug mir in den Bauch und ging weg.

Ich war überrascht und mehr als ein wenig erleichtert. Der Trusty ging die Reihe weiter entlang und gab die ekelhaften Befehle. Jeder gehorchte ohne Widerrede, aber mir war es gelungen, der Untersuchung zu entkommen.

# 9

Die Gefangenen wurden gezählt und in die Zellen gebracht. Ich war der einzige neue Häftling, dem Mord vorgeworfen wurde, daher wurde ich zum Kettenzimmer geführt. Zwei Kommandos und vier Trustys eskortierten mich in einen kleinen Raum im Keller des Gefängnisses. Das Kettenzimmer sah aus wie ein Relikt aus dem Mittelalter.

Ich mußte mich in einen Stuhl vor einen Amboß setzen. Der „Kettenmann“, ein Gefangener, suchte sorgfältig Ketten mit Ringen für das Fußgelenk aus. Sie wogen etwa vier Kilogramm, waren dreckig, verrostet und alt.

Zwei Trustys hielten mich nach unten, während zwei weitere meine Beine hoben und eines nach dem anderen auf den Amboß legten. Der Kettenmann legte die Ringe um meine Fußgelenke und hämmerte, bis sie fest verschlossen waren. Sie behandelten mich wie ein wildes Tier.

Nun war ich in Ketten. Ich glaube, diese Erfahrung setzte mir mehr zu als alles andere. Ich fühlte mich wie ein Sklave. Mich überkam ein Gefühl totaler Trostlosigkeit und Verzweiflung.

Ich weigerte mich, die Ketten aufzunehmen und zu gehen. Ich sagte mir, daß ich kein verdammtes Tier war und daß ich keinesfalls akzeptieren wollte, daß man mich wie eines in Ketten legte.

In Wahrheit verkörperten die Ketten für mich das Ende des Lebens, wie ich es bislang kannte. Ich hatte nicht nur meine Freiheit verloren, sondern auch den Glauben an mich selbst. Man könnte sagen, die Ketten repräsentierten für mich das allerschlimmste Grauen.

Ich fand das ehrlich gesagt so schrecklich, daß ich nicht wagte, sie anzufassen oder zu meinen Füßen hinabzublicken.

Statt dessen schlurfte ich davon, die Ketten schleiften hinter mir über den Boden, weil ich einfach die Tatsache verleugnete, in Ketten gelegt worden zu sein.

Einmal in Ketten, wurde ich zu einer Zelle eskortiert, in der sich Männer befanden, die vom Gericht zurückgekommen waren.

Die Zelle sah voll aus, aber der Kommando öffnete die Tür und schob mich trotzdem hinein. Verzweifelt stand ich dort, ich wußte nicht, was ich tun sollte, bis der Zimmeraufseher auf mich zukam.

Er sprach sehr einfaches Englisch.

„Wie du heißt? Wie alt du? Du Mordfall?“

Letzteres war offensichtlich – ich war in Ketten.

Der Mann war in einem Moment freundlich zu mir, den ich als meine dunkelste Stunde in Erinnerung habe.

„Du schläfst hier, okay, mein Freund?“

Er deutete vor mir auf einen freien Platz auf dem Boden.

Es gab kein Bett, keine Matratze, keine Decke. Da gab es nur einen kalten und harten Betonboden.

Über 100 Thai-Gefangene waren in der Zelle, und sie alle schliefen Schulter an Schulter. Einige hatten das Glück, auf einer Decke zu liegen, die meisten aber nicht.

Auch wenn die Zelle eine Art von Zuflucht war, so war sie doch völlig verkommen.

Es gab drei offene Toiletten, nicht mehr als Löcher im Boden, und ein großes Tongefäß mit Wasser, das sowohl zum Trinken als auch zum Spülen der Toilette benutzt wurde. Es gab kein Toilettenpapier. Die Gefangenen benutzten ihre Hände, um sich zu reinigen, dann wuschen sie sie im Wassergefäß.

Einer meiner Freunde hatte mir ein Buch mitgebracht, als ich auf dem Polizeirevier war. Wilbur Smith hatte es geschrieben, es hieß „Der Sturz des Sperlings“. Ich benutzte es als Kopfkissen.

In der ersten Nacht schlief ich nicht.

Das Gefühl der Ketten an meinen Fußgelenken machte es schwierig, mich zu entspannen oder eine bequeme Schlafposition zu finden. Ich regte mich darüber auf, daß die Ketten überhaupt keine Aufgabe erfüllten, wenn man davon absah, daß sie mich entwürdigten.

Gefangene wurden nicht nur gefangen gehalten, sondern völlig vernichtet.

Ich lag die ganze Nacht wach und überlegte, was mir zugestoßen war. Ich weinte mich in den Schlaf. Verzweifelt dachte ich daran, welches Grauen mich am Morgen erwarten würde.

Aber ich tröstete mich mit dem Gedanken, daß ich überleben würde, egal, was ich dafür tun mußte. Ich war ganz unten angelangt, und mir blieben zwei Möglichkeiten: Entweder beendete ich mein Leben oder ich blieb am Leben und versuchte, meine Freiheit wiederzuerlangen.

Am Morgen wurde ich zum Gebäudeaufseher gebracht. Er sprach nur Thai, daher wurde ein pakistanischer Gefangener namens Ali geholt, der als Dolmetscher fungierte.

Der Gebäudeaufseher erkundigte sich nach meinem Fall. Ich erklärte so gut ich konnte, was geschehen war.

Die erste Frage, die mein neuer Chef stellte, lautete: „Warum hast du nicht gezahlt?“

Jeder thailändische Gefangene, jeder Wärter und jeder Rechtsanwalt fragte das.

„Wenn du gezahlt hättest, wärest du nicht hier. Es ist immer dasselbe“, sagte er. „Die Polizei nennt es Kaution, aber es ist Schmiergeld. Das wandert sofort in ihre Taschen. Es ist besser zu zahlen! Jetzt mußt du auch noch den Staatsanwalt bezahlen, vielleicht eine halbe Million Baht. Wenn du nicht zahlst, wirst du verlieren!“

In Thailand wird die Zahlung an die Polizei nicht als Chance angesehen, vielmehr wird das erwartet.

Nach meinem Gespräch mit dem Gebäudeaufseher zeigte Ali mir die Umgebung – viel gab es nicht zu sehen.

Die oberste Regel in Chonburi sah Entwürdigung vor, kombiniert mit dem Wegschließen von Gefangenen. Die Anlage war primitiv und baufällig.

Es gab einen Block mit zehn offenen Toiletten, die von 2000 Gefangenen benutzt wurden. Die Duschen waren mit Stacheldraht abgetrennt. Bei den Duschen handelte es sich allerdings nicht um Duschen im herkömmlichen Sinne. Sie bestanden aus langen Wassertrögen, das Wasser kippte man sich mit einem Schüsselchen über den Körper.

Ali sagte mir, daß Gefangene die Schüssel nur fünfmal benutzen durften. Die Wächter pfiffen und man nahm eine. Wenn man versuchte, mehr Wasser zu benutzen oder seine Zeit überzog, kamen sie und schlugen mit ihren Schlagstökken zu.

Ali brachte mich dann in den Gefängnisladen, in denen die Kommandos Lebensmittel verkauften, und schließlich in die Kantine, dort aßen die Gefangenen.

Er berichtete, daß das tägliche Gericht aus rotem Reis bestand, der mit einer Schaufel aus großen Bottichen geholt und sparsam verteilt wurde. Dazu gab es eine scharfe Fischgrätensuppe, in der sich kein Fisch befand.

Ich kam nahe genug heran, um sie zu riechen, mehr wagte ich nicht.

Die thailändischen Gefangenen, erzählte Ali, arbeiteten alle in den Gefängnisfabriken. Von acht Uhr morgens bis acht Uhr abends mit einer Stunde Mittagspause.

In den meisten Fabriken mußte etwas zusammengebaut werden. Sie stellten Regenschirme, Plastikblumen und Papiertüten her. Es gab auch ein Holzgeschäft, in dem Möbel produziert wurden.

Ali erzählte, daß jedem Gefangenen eine Quote vorgeschrieben wurde, die er einhalten mußte – beispielsweise 20 Regenschirme oder 50 Plastikblumen pro Stunde. Wenn der Häftling die Quote nicht einhielt, wurde er von den Wärtern geschlagen. Daher bezahlten die meisten Gefangenen die Häftlinge mit etwas mehr Erfahrung, so daß diese ihre Stücke abtraten, wenn sie ihre Quote übererfüllt hatten.

Ali wies auf eine zweite Möglichkeit hin. Häftlinge konnten die Wärter jeden Monat bezahlen, so daß sie in Ruhe gelassen wurden.

Geld, die Nummer eins.

Die Idee und das Prinzip, daß Häftlinge arbeiteten, abgesehen davon, daß sie beschäftigt wurden, erlaubte den Gefangenen, ein kleines Einkommen zu erzielen, so daß sie sich selbst unterstützen konnten.

Einige der Fabriken in Chonburi wurden vom Staat subventioniert, meist wurden modische Güter oder Kunstgegenstände produziert.

Ich fand heraus, daß Häftlinge in diesen Fabriken bis zu 500 Baht pro Monat verdienten – keine große Summe, aber genug, um ein paar Notwendigkeiten zu kaufen.

Die anderen Fabriken wurden jedoch vom Gefängnis kontrolliert. Eine Person oder eine Firma bezahlte das Gefängnis, damit die Gefangenen für sie arbeiteten. Das war nichts anderes als Sklaverei.

Der Wärter, der die Aufsicht über eine Fabrik hatte, bekam für alle Produkte, die die Fabrik herstellte, eine Provision. Ein Gefangener, der in solch einer Fabrik arbeitete, erhielt zwischen zehn und 20 Baht pro Monat, das waren höchstens etwa 50 Cent.

Der Lohn wurde an das Gefängnis bezahlt, aber Ali informierte mich darüber, daß die Kommandos und Wärter das meiste davon unter sich aufteilten und nur ein Almosen für die Zwangsarbeiter übrig ließen.

Ich war verblüfft und konnte nicht glauben, was ich da hörte.

Aber nun gab es ein paar gute Neuigkeiten.

Ausländer arbeiteten nicht. Ali nannte mir den Grund: Nicht weil sie nicht sollten, sondern weil sie sich weigerten.

Er flüsterte in mein Ohr, ich sollte mich unter keinen Umständen bereit erklären zu arbeiten. Er sagte, es gebe keinerlei Sicherheitsvorschriften. Es gab keine Arbeitskleidung, keine Overalls, in den meisten Fabriken gab es auch keine Bänke oder Arbeitstische. Jeder saß und arbeitete auf dem Boden.

Daher weigerten sich alle Ausländer zu arbeiten und saßen den ganzen Tag in der Kantine oder wanderten auf dem Gefängnishof umher. Er sagte, ich solle dasselbe tun. Ich stimmte zu.

Das Gefängnisregime gründete auf dem Prinzip, alle Häftlinge wie Tiere zu behandeln. Die Gefängnisregeln ergaben überhaupt keinen Sinn.

Als ich sah, wie das Leben dort sein würde, sagte Ali mir, daß Sport nur im Anschluß an den Arbeitstag erlaubt sei.

Aber Ausländern war nicht einmal Gewichte heben erlaubt. Er sagte, die Kommandos behaupteten, wir seien bereits groß und sie wollten nicht, daß wir noch größer oder stärker wurden.

Thailändische Gefangene durften im Gegensatz dazu den ganzen Tag Gewichte heben, wenn ihnen danach war.

Ich habe mich immer für einen toleranten und aufgeklärten Menschen gehalten. Immerhin war ich weit gereist, daher meinte ich, das meiste gesehen zu haben, was die menschliche Natur so mit sich brachte. Aber an diesem Tag wurde mir klar, daß in einem thailändischen Gefängnis alle bekannten Maßstäbe und normalen Verhaltensregeln nicht gelten.

Wenn ich nachts in der Zelle eingesperrt war, kam ich zu dem Ergebnis, daß ich mit einer Gruppe von Tieren eingepfercht war.

Nach ein paar Tagen begegnete ich meinen Mitgefangenen gegenüber mit Abscheu. Sie popelten in der Nase, während sie mit anderen sprachen. Ein Mann benutzte zum Popeln jeden Finger seiner Hand, als er ihn endlich hatte, aß er ihn, währenddessen unterhielt er sich von Angesicht zu Angesicht mit einem Kumpel.

Es war grausig, und mein Magen rebellierte.

In der Zelle saßen Gefangene oft neben mir und drückten ihre Pickel aus. Das machten sie auch in der Kantine, wo sie den Eiter auf Tische und an Stühle schmierten.

Es wurde schlimmer.

Während der ersten Woche sah ich einige von ihnen, die sich hinsetzten und ohne auf das Umfeld zu achten, ihre Penisse aus der Hose holten, die Länge verglichen, die Schamhaare nach Läusen absuchten und dann an ihren Fingern rochen.

Ich sah einen Mann, der sich an seiner Achselhöhle mit einem Löffel kratzte, dasselbe mit seinem Arsch machte und dann mit dem Löffel zu Mittag aß.

Ich sah auch Gefangene, die ihren Freund küßten und so taten, als ob sie alles andere nichts anginge.

Sie rotzten auf den Boden. Es war wie in der Hölle.

Es ist unglaublich, wieviel Rotz aus der Nase eines Menschen kommen kann. Dasselbe gilt fürs Spucken. Man konnte keinen Schritt in der Zelle machen, ohne in Rotze oder Spucke zu treten. Sie hatten keinen Respekt vor anderen.

Ich erinnere mich daran, wie ich in der ersten Woche vor dem Wassertrog stand und versuchte, mich zu duschen.

Minuten später bemerkte ich, daß der Mann neben mir auf meine Füße pinkelte. Es gab keine Hygiene, geschweige denn Ganovenehre.

Schnell merkte ich, daß in Chonburi das Gesetz des Dschungels regierte.

So waren Schlägereien während der Duschzeit an der Tagesordnung. Männer schubsten und prügelten wie von Sinnen auf andere ein – für eine Schüssel Wasser. Die Kommandos schritten nie ein, denn die Kämpfe wurden als Unterhaltungsprogramm eingestuft.

Die Atmosphäre ließ mich in Depressionen versinken. Alles fiel mir schwer.

Ich begann abzunehmen, weil ich innerhalb des Gefängnisses nichts Genießbares finden konnte.

Ein anderes Problem war die Toilette. Da gab es keine Toilettenspülungen. Wie ich bereits ausführte, bestanden die Toiletten aus einem Loch im Boden, das nicht gesäubert wurde. Es war widerlich, der Geruch ekelerregend.

Ich versuchte, den Toilettenbesuch so lange wie möglich aufzuschieben, aber zwei Tage nach meiner Ankunft mußte ich in den sauren Apfel beißen. Als ich mich das erste Mal erleichtern wollte, mußte ich mich übergeben.

Schließlich rang ich mich durch, es noch einmal zu versuchen. Prompt kam ein anderer Gefangener auf mich zu.

„Hast du eine Zigarette, mein Freund?"

Ich stellte bald fest, daß es thailändische Häftlinge aus irgendeinem Grund mochten, genau vor der Toilette herumzuhängen, zu essen oder sogar Schach zu spielen, wenn jemand die Toilette benutzen wollte.

Dieses Mal gab ich auf. Ich versuchte es am nächsten Tag noch einmal, konnte aber nicht. Haben Sie schon einmal versucht, in einem Raum voller Leute auf die Toilette zu gehen, während Sie von allen beobachtet werden? Ich konnte das jedenfalls nicht.

Schnell merkte ich, daß es in Chonburi als schmutzig galt, Anstand und Würde zu beachten. Niemand machte überhaupt nur den Versuch, weil es sowieso sinnlos war.

Keine meiner bisherigen Erfahrungen hatten mich auf das Leben in einem Thai-Gefängnis vorbereitet. Es war die Hölle auf Erden.

Der Frust und die Verzweiflung waren überwältigend. Depressionen ließen sich nicht vermeiden, zumal ich 24 Stunden pro Tag wie ein Tier gehalten wurde.

In diesen ersten paar Tagen war ich auf mich und meine Ketten fixiert und auf alles, was damit zusammen hing.

Indem ich sie über den Boden schleifen ließ, rebellierte ich gegen das System. Das war meine Art des Protestes.

Nach ein paar Tagen konnte ich nicht mehr laufen. Jedesmal, wenn ich einen Schritt machte, stolperte ich, aber ich weigerte mich nach wie vor, sie hoch zu heben.

Je mehr Tage vergingen, um so depressiver wurde ich. Nachts weinte ich heimlich und suhlte mich in meinem Unglück. Ich konnte keinen Ausweg sehen und zog Selbstmord in Betracht.

Die Ketten wurden zur Obsession. Sie schienen alle Belange meines Lebens zu beeinflussen.

Ich konnte mich mit ihnen nicht richtig waschen. Es war unmöglich, meine Shorts auszuziehen, daher duschte ich mit Hosen, und dann stolperte ich herum und saß in der Sonne bis sie trockneten.

Meine Ketten waren dreckig, als sie mir an die Gelenke gehämmert wurden, aber ein paar Tage später, nachdem ich mit ihnen duschen gegangen und sie auf dem Boden herumgeschleift hatte, rochen sie faulig. Meine Verzweiflung wuchs.

Dann war jemand nett zu mir.

Einer der anderen ausländischen Gefangenen, Stefan aus Deutschland, kam und unterhielt sich mit mir. Stefan war seit fast drei Jahren in Ketten, und er erklärte, ich sollte mich besser daran gewöhnen. Er redete mir gut zu, damit ich mich endlich zusammenriß.

Er sagte, wie es war. Die Ketten würden nicht vor meiner Verurteilung abgenommen werden, ob mir das nun gefiel oder nicht.

Wenn ich mich gegen die Anklage wehrte, konnte das fünf Jahre dauern, sagte er. Und wenn ich 30 Jahre oder mehr bekam, würden sie nie abgenommen.

Über 30 Jahre? Zu dieser Zeit konnte ich mich nicht mit dem Gedanken anfreunden, den Rest meines Lebens in Chonburi zu verbringen. Das war einfach zu viel für mich.

Stefan zeigte mir, wie man in Ketten die Shorts wechselte und wie man die Ketten schrubbte und säuberte, damit man von dem Dreck und Rost keine Infektion bekam.

Nun entschloß ich mich, diese makellos sauber zu halten. Die Ketten waren aus Schmiedestahl, sie rosteten jeden Tag aufs Neue. Etwa sechs Monate scheuerte ich sie täglich, um sie wirklich sauber zu bekommen. Es gab keinen Stahlreiniger oder andere spezielle Putzmittel, nur Seife und Knochenschmalz, aber ich war ausdauernd, und bald war der Erfolg zu sehen.

Als mir klar wurde, daß niemand kam und mich erlöste, versuchte ich, mich mit meiner Situation zu arrangieren.

Zu dieser Zeit hatte ich allen Glauben verloren. Aus vielerlei Gründen befand sich meine Familie nicht in der Lage, mir praktische Hilfestellung zu geben.

Meine einzige Hoffnung war, daß Gerechtigkeit im Gerichtssaal siegen würde. Mit Blick darauf mußte ich für mein Verfahren eine gute Verteidigung vorbereiten.

Zwölf Tage später wurde ich zum Gericht gebracht. In den ersten paar Tagen in dem verwahrlosten Gefängnis hatte ich gehofft und gebetet, daß mich die thailändischen Gerichte irgendwie erlösen würden. Doch allein die Fahrt zu Gericht war überschattet von Brutalität und Demütigung.

Als es soweit war, wurde ich gezwungen, eine braune Gefängnisuniform zu tragen – braunes Hemd und braune Shorts, keine Unterwäsche und, natürlich, keine Socken oder Schuhe.

Ich wurde mit Dutzenden Männern in einen Bus verfrachtet und zum Gericht gefahren. Irgendwie erwartete ich, daß sie mir die Ketten abnehmen würden, bevor ich den Gerichtssaal betrat, weil ich glaubte, sie bedeuteten eine Vorverurteilung. Ich irrte mich.

Wir wurden ins Gericht gebracht, nur um herauszufinden, daß wieder kein Richter anwesend war, auch kein Staatsanwalt oder Verteidiger. Nur ein Beamter und die Polizei befanden sich dort. Es gab keine Anhörung.

Der Beamte rief alle 20 Namen auf und sagte: „Zwölf Tage.“

Das war alles. Der ganze Prozeß dauerte nicht länger als fünf Minuten.

Wieder wurden wir wie Sardinen in den Bus gequetscht, wir wurden von den sadistischen Wärtern untersucht, wir beobachteten, wie neue Gefangene erniedrigt wurden, wir gingen schnell durch die Schlafabteilung, um kurz zu duschen, und wir beeilten uns, in die Zelle zu kommen, wo wir gezählt und für die Nacht eingesperrt wurden.

Dieselbe Prozedur mußte ich siebenmal über mich ergehen lassen, bevor ich überhaupt förmlich angeklagt wurde.

Die Polizei hatte 84 Tage Zeit, die Ermittlungen abzuschließen. Danach mußte Anklage erhoben werden oder man kam frei. Ich fand schließlich heraus, daß kein Richter oder Staatsanwalt sich damit aufhielt, zum Gericht zu gehen, bevor die 84 Tage vorüber waren.

Ich redete mir ein, daß ich nach 84 Tagen im Gefängnis entlassen werden würde, denn mir waren weder amtliche Papiere zugestellt worden, noch war ich im Besitz irgendeiner Strafanzeige.

Ich sprach mit meinem neuen Freund darüber, was ich tun würde, wenn ich entlassen wurde. Niemand widersprach, denn mir ging es besser. Die Aussicht auf Freiheit half mir über die Verzweiflung hinweg.

Ich war alle zwölf Tage zum Gericht gefahren worden, nichts war passiert. Ich interpretierte das als gutes Zeichen.

Als die 84-Tage-Periode vorüber war, wurde ich wie üblich mit allen anderen zum Gericht gebracht. Ich war sicher, daß ich an diesem Tag entlassen werden würde. Mein Geisteszustand hatte sich deutlich verbessert. Ich war fit.

Nachdem ich die Sicherheitsprozeduren am Gericht durchlaufen hatte, wurde ich zu einem anderen Gerichtsmitarbeiter gebracht.

Er sagte, ich solle weitere zwölf Tage Untersuchungshaft quittieren. Ich fühlte mich wie ein Idiot, ich kämpfte mit den Tränen und schwor mir, nie wieder einer Selbsttäuschung zu erliegen.

Es gab nichts, das ich tun konnte. Ich fragte mich, was passierte. Als ich in den Bus einstieg, der mich zum Gefängnis zurückbringen sollte, kam ein Wachpolizist des Gerichts auf mich zu.

„Du Colin Martin?“ fragte er.

„Ja. Ich bin Colin Martin.“

„Das ist für dich“, sagte er.

Er gab mir drei Blätter und verschwand einfach. Zuerst dachte ich, er hatte mir die Entlassungspapiere oder einen Gerichtsbeschluß gegeben. Aber die Kommandos bestanden darauf, daß ich in den Bus stieg und zum Gefängnis zurückfuhr. Ich hielt die Blätter in meiner Hand als ob mein Leben von ihnen abhinge.

Während der Nackt-Untersuchung im Gefängnis sah einer der Kommandos die Papiere auf dem Boden zu meinen Füßen liegen, während ich entblößt vor ihm stand.

Er fragte mich, was das sei.

„Ich weiß nicht“, sagte ich. „Das ist auf Thai.“

Er streckte den Arm aus, daher hob ich die Papiere auf und gab sie ihm.

Er sagte, daß es sich um die Anklageschrift handele. Ich war angeklagt worden, einen Mord ersten Grades begangen zu haben.

Kurz nach meiner Ankunft im Gefängnis.
© Andrew Drummond

# 10

Als ich wegen Mordes angeklagt wurde, fand ich mich mit der Situation ab, in der ich mich befand. Ich hatte mich so gut wie nur möglich zusammengerissen. Ich vermute, ich ahnte damals im tiefsten Inneren meines Herzens, daß ich in der Falle saß und aus dieser in nächster Zeit kaum entkommen konnte. Was das anbelangte, war die wichtigste Lektion, die ich lernte, daß ich ohne Geld nicht überleben würde.

Nichts wurde vom Gefängnis gestellt, und nichts war umsonst. Das Essen, das sie den Gefangenen vorsetzten, war ungenießbar. Um am Leben zu bleiben, mußte ich meine Lebensmittel sowie alles andere von den Wärtern kaufen. Wenn ich etwas aß, wußte ich aber nie, ob ich am nächsten Tag noch die Möglichkeit hatte, Lebensmittel erwerben zu können.

Das Gefängnispersonal gab mir noch nicht einmal eine Decke, keinen Rasierer, keine Seife, Zahnbürste, Zahnpasta oder irgendwelche anderen Dinge des täglichen Bedarfs. Ich mußte sauber und gesund bleiben. Alles hatte mit Geld zu tun. Mir wurde auch bewußt, daß ich für meinen Weg durch die juristischen Instanzen Geld benötigte.

Zu dieser Zeit schickten mein älterer Bruder und meine Schwester Geld, wenn sie es sich leisten konnten. Aber es kam nicht wöchentlich oder monatlich. Wenn sie kein Geld übrig hatten, aß ich nichts. Nach wie vor nahm ich ab.

Am Anfang machte ich mir nicht wirklich Sorgen um meinen Gesundheitszustand, weil ich dachte, ich würde nicht lange im Gefängnis bleiben. Wenn ich lange sage, dann meine ich damit Jahre. Ich lebte in der Hoffnung, ich würde in den folgenden Monaten entlassen werden.

Das Geld, das ich besaß, als ich verhaftet wurde, überließ ich meiner Ehefrau Nanglung. Ich hatte ihr alles gegeben und ihr aufgetragen, sich um unseren 18 Monate alten Sohn Brendan zu kümmern. Mein Bruder Tommy schickte auch etwas Geld, wenn er konnte.

Nanglung besuchte mich regelmäßig, aber ich wollte nicht, daß sie für mich etwas kaufte, weil sie kein Einkommen hatte. Ich befand mich in einer entsetzlichen Situation.

Aber es wurde noch schlimmer.

Einige Monate nach meiner Verhaftung kam mein Bruder Tommy nach Thailand und brachte Geld und Medikamente. Sein Besuch war eine Erleichterung. Er war eine Rettungsleine. Als er ankam, suchte er sofort nach Wegen, um meine Freilassung zu erreichen.

Normalerweise hatte ich Anspruch darauf, auf Kaution bis zur Gerichtsverhandlung freigelassen zu werden. Tommy und ich sprachen darüber, er bot an, das Geld aufzutreiben.

Wir entschieden uns, daß es das Beste wäre, wenn wir die Immobilie eines Thais beliehen, der gewillt war zu helfen. Einer der Anwälte, den wir beauftragt hatten, sagte mir, ich müßte 20 Prozent der Kaution in bar bezahlen.

Mir wurde mitgeteilt, in Thailand werde die Höhe der Kaution nicht festgelegt, sondern die Angeklagten und ihre Anwälte schätzten einfach, welche Summe das Gericht akzeptieren würde. In meinem Fall glaubten wir, daß eine Million Baht genug sei. Das bedeutete, ich mußte 200.000 Baht für die zu beleihende Immobilie in bar zahlen.

Mein Anwalt wollte alles arrangieren, und Tommy das Geld beschaffen. Als er in Thailand ankam, verbrachte er einige Zeit mit meiner Frau Nanglung. Tommy besprach den Kautionsantrag mit ihr. Als er sagte, der Rechtsanwalt würde den Antrag vorbereiten, erzählte sie Tommy und mir, daß wir dem Anwalt nicht trauen könnten – sie sagte, er würde das Geld wahrscheinlich stehlen.

Ich war paranoid und nahm sie beim Wort. Sie war Thai und vermutlich mit dem System vertrauter als ich. Sie sagte, wenn ich ihr das Geld gäbe, würde sie die notwendigen Vorbereitungen mit ihrer Familie treffen und eine Immobilie beleihen. Ihre Familienmitglieder waren Farmer und besaßen eigenes Land.

Es gab keinen Grund, ihr nicht zu vertrauen. Sie war meine Ehefrau und die Mutter meines Kindes.

Als Tommy zurück in Irland war, besorgte er das Geld und schickte es sofort. Ich weiß, daß Nanglung zur Botschaft fuhr, um es dort in Empfang zu nehmen.

Das war das Letzte, das ich von ihr hörte. Sie stahl das Geld und verschwand.

Ich muß zugeben, daß ich sowohl mir selbst als auch allen anderen Vorwürfe machte. Unsere Ehe war eine Vernunftehe. Sie war eine junge, attraktive Frau, die mich heiratete, weil ich sie unterstützte. Das wußte ich jederzeit. Junge Thai-Frauen verlieben sich nicht in ältere Ausländer. Sie verlieben sich in den Lebensstil, der ihnen geboten wird.

Sie hatte noch nie so viel Geld vorher in ihrem Leben gesehen, und die Versuchung – oder Gier – nahm überhand.

Als Häftling darf man in Thailand keine Strafanzeige erstatten, es sei denn, es hat unmittelbar mit dem Fall zu tun, weswegen man einsitzt.

Diebstahl ist Diebstahl, aber da meine Frau mit O'Connor oder Holdsworth nichts weiter zu tun hatte, gab es nichts, das ich tun konnte.

Zu dieser Zeit konnte ich mir nicht vergegenwärtigen, was geschehen war. Ich fragte mich wieder und wieder, wie um alles in der Welt ich in diese Lage geraten war. Als ich Tommy schrieb, was geschehen war, konnte auch er das kaum glauben.

Meine Familie weigerte sich, mir noch einmal Geld für die Kaution zu schicken, und das konnte ich ihr noch nicht einmal übel nehmen. Nun gab es überhaupt keinen Ausweg mehr.

Man kann sich kaum vorstellen, wie ich mich fühlte. Die Wut machte mich fast rasend. Ich wäre normalerweise fünf Monate im Gefängnis gewesen, dann auf Kaution entlassen worden und hätte meinen Fall von draußen weiterführen können oder wäre besser gleich nach Hause gefahren.

Bald fand ich heraus, daß meine Lage noch bedrohlicher wurde, weil ich nicht auf Kaution entlassen wurde und so meine Möglichkeiten begrenzt blieben, mich gegen die Mordanklage zu verteidigen.

Aus westlicher Sicht kommt der Angeklagte in Anzug und Krawatte zum Gericht, der Richter hat die Möglichkeit, ihn von einer positiven Warte aus zu sehen. Wenn der Angeklagte in Ketten und einer verdreckten Gefängnisuniform vorgeführt wird, dann wird er im Regelfall verurteilt.

Erst zwei Jahre später fand ich heraus, daß ich das Recht gehabt hätte, einen Anzug zu tragen. Niemand hatte mir das gesagt.

Nun mußte ich mit der Tatsache fertig werden, daß ich in diesem stinkenden Rattenloch bleiben mußte, bis das Verfahren beendet war.

Wenn ich auf diese Zeit zurückblicke, finde ich es schwierig zu erklären, wie groß das Dilemma war, in dem ich mich befand. Genausogut hätte ich überhaupt keinen Anwalt haben können.

Mein Verteidiger hatte mich in den 84 Tagen im Gefängnis nur einmal besucht. Und wenn er etwas sagte, zeigte er kein Interesse an dem Fall. Nur seine Anwaltsgebühren schienen ihm wichtig zu sein.

Ich erinnere mich daran, wie er bei mir saß und sagte, er würde 20.000 Dollar verlangen, die Summe aber verdoppeln, falls der Fall kompliziert werden sollte. Zu dieser Zeit hatte ich keine 20.000 Dollar oder etwas Vergleichbares, aber ich sagte nichts. Ich wußte, daß er mich aufgeben würde, wenn er die Wahrheit erfuhr.

Die anwaltliche Vertretung war eine Farce. Er sagte nur einmal etwas mit Substanz: Es könne Monate dauern, bevor die Gerichtsverhandlung begann. Und das er – natürlich – einen Vorschuß brauchte.

Ab diesem Zeitpunkt wollte ich deren Spiel auch immer spielen. Ich versicherte ihm, es gäbe keine Probleme, seine Gebühren zu zahlen und versprach, etwas zu arrangieren.

Zwölf Tage später mußte ich zum Gericht.

Ich nahm an, daß mein Trick funktionierte, aber als ich ankam, war mein Rechtsanwalt nicht dort.

Ich wartete und wartete in der Gefängniszelle im Gericht. Schließlich wurde mein Name aufgerufen, und ich wurde nach oben in den Gerichtssaal geführt. Ohne Verteidiger. Offensichtlich hatte er kein Interesse an dem Fall, weil er nicht bezahlt worden war.

Ich erinnere mich an diesen Tag, weil alles schief ging. Er sollte das Ende all meiner Probleme sein, aber es stellte sich heraus, daß dieser Tag mein Leben weiter verschlimmerte.

Ein Richter kam herein und fragte mich auf Thai, wie ich plädierte. Ich sagte, ich verstünde kein Thai, daher forderte der Richter einen Dolmetscher an.

Ich wurde wieder nach unten in die Zelle gebracht, um zu warten.

Der Dolmetscher kam zwei Stunden später. Ich hatte immer noch keinen Anwalt, aber es gab auch keinen Staatsanwalt. Der Richter erklärte über den Dolmetscher, daß ich des Mordes ersten Grades an Mr. Brett Holdsworth angeklagt war. Er fragte mich, ob ich einen Verteidiger hätte. Ich sagte, ja, daher fragte er, wo der Anwalt war.

Ich sagte, ich wisse es nicht.

Der Richter sagte, daß Mord eine ernste Angelegenheit sei, und daß ich einen fähigen Verteidiger brauchte. Er entschied, einen für mich zu bestellen, und damit vertagte er die Verhandlung um sechs Wochen. Das war es.

Ich riß mich in Erwartung der Gerichtsverhandlung zusammen. Bislang war ich so oft enttäuscht worden, daß ich nicht erlaubte, mir falsche Hoffnungen zu machen. Doch im Grunde war ich zuversichtlich, daß der neue Anwalt, der vom Gericht bestellt wurde, erfolgreicher war als sein Vorgänger.

Sechs Wochen später wurde ich zum Gericht gebracht, dort traf ich meinen neuen Verteidiger. Er stellte sich vor, wurde von einem Dolmetscher begleitet, und wirkte ziemlich professionell. Vielleicht hauptsächlich aus dem Grund, weil er überhaupt aufgetaucht war.

Wir sprachen kurz im Gericht miteinander, während wir auf den Richter warteten. Er erklärte, es werde keine Anhörung geben.

„Sie wurden nur zum Gericht gebracht, um mich zu treffen."

„Warum sind Sie nicht ins Gefängnis gekommen?" fragte ich.

Er sah mich ausdruckslos an.

„In Thailand machen wir die Dinge anders."

Meine Illusionen wurden sofort zerstört. Er klappte seinen Aktenkoffer zusammen, verabschiedete sich knapp, und ich wurde ins Gefängnis zurückgebracht.

Wochen und Monate vergingen ohne weitere Nachricht von der Staatsanwaltschaft. Ich ließ die Dinge laufen, mir blieb keine andere Wahl.

Etwa alle zwölf Wochen wurde ich zum Gericht gefahren, dort konnte ich meinen Verteidiger treffen. Er war nicht besser als die anderen. Nach der zweiten Anhörung erkundigte er sich nach Geld, und er wirkte verärgert, als ich ihn fragte, wie ich hinter Gittern Geld auftreiben sollte.

Jetzt sah ich ihn so, wie er war. Er war nur zu Gericht gekommen in der Hoffnung auf einen Vorschuß.

Der Richter erschien nicht zu den Terminen. Das war alles ein großer Zufall. Da der Richter meinen Verteidiger beauftragt hatte, vermutete ich, die beiden steckten unter einer Decke.

Später in demselben Jahr tauchte meine Frau Nanglung mit Neuigkeiten bei Gericht auf. Sie kam völlig überraschend. Um ehrlich zu sein, ich wußte nicht, was ich sagen sollte, als ich sie sah. Ich war fassungslos.

Sie kam schließlich auf mich zu. Wir führten etwas Small Talk. Ich fragte nach Brendan und wie es ihm ging. Sie sagte, ihm ginge es gut, und er vermisse mich sehr.

Dann erzählte sie schließlich, weshalb sie gekommen war.

Sie sagte, sie habe gehört, O'Connor sei drei Wochen zuvor im Lad-Yao-Gefängnis in Bangkok gestorben. Ich war doppelt geschockt.

Ich dachte einen Moment darüber nach, nicht sicher, ob sie die Wahrheit gesagt hatte. Ich wußte nicht, ob ich Nanglung trauen konnte.

Selbst wenn sie nicht log, mußte das nicht unbedingt bedeuten, daß O'Connor wirklich tot war. Vielleicht hatte er seinen eigenen Tod inszeniert und war untergetaucht. Mit genug Geld war in Thailand alles möglich, insbesondere in einem Gefängnis. Und O'Connor hatte eine Menge Geld.

Aber wenn es wahr sein sollte, dann war das eine gute Nachricht. Ich wünschte niemandem den Tod in einem Thai-Gefängnis, auch nicht O'Connor – auf der anderen Seite war es O'Connor, der mich des Mordes an Holdsworth bezichtigt hatte. Wenn er wirklich tot war, dann hatte die Staatsanwaltschaft keinen Fall mehr. Ohne Zeuge mußten sie mich entlassen.

Wenige Minuten nachdem Nanglung mir die Neuigkeiten erzählt hatte, betrat der Staatsanwalt, der mit meinem Fall betraut war, den Raum. Ich erzählte meinem Verteidiger von O'Connor und bat ihn darum, den Staatsanwaltschaft zu fragen, ob O'Connor wirklich tot war.

Er machte das auch, kam zurück und meinte, der Staatsanwalt wisse nichts davon.

Aus irgendeinem Grund machte es sich mein Anwalt zur Aufgabe, herauszufinden, was genau passiert war. Innerhalb von zwei Stunden war er im Besitz einer Kopie von O'Connors Sterbeurkunde. Es stellte sich heraus, daß es zwei Urkunden gab – eine für Gerald Cathar O'Connor, einen Iren, und eine für Mitchel Joseph Laddie Heath, einen Neuseeländer. Die Geburtsdaten auf den jeweiligen Urkunden waren unterschiedlich.

Fairerweise muß ich zugeben, daß mein Verteidiger an diesem Nachmittag herausgefunden hatte, daß O'Connors richtiger Name Mitchel Heath lautete, und daß er tot war.

Ich vermutete, O'Connor war krank geworden, und es war ihm nicht gelungen, sich im Gefängnis zu erholen.

Ich dachte, ich würde innerhalb von Wochen entlassen werden. Mein Prozeß würde mit an Sicherheit grenzender Wahrscheinlichkeit nicht stattfinden.

Aber ich irrte mich.

Kurz nachdem der Staatsanwalt das Gericht verlassen hatte, ging mein Verteidiger zu einem Beamten und holte ein paar Papiere ab. Ich erinnere mich genau daran, daß ich eine Sekunden lang glaubte, es handele sich um die Entlassungspapiere. Aber wie so oft, wurde jede Illusion in bezug auf meine baldige Freiheit völlig zerstört. Mein Anwalt sagte mir, O'Connor sei der erste Zeuge beim nächsten Verhandlungstermin.

Als ich die offensichtliche Frage stellte, sagte er, der Termin würde in zwei Wochen in Bangkok stattfinden, denn dort befand sich O'Connor. Er erzählte mir dann mit einer Logik, die nur er verstand, daß es zu umständlich sei, mich nur für einen Tag dorthin und wieder zurück zu transportieren, daher werde mir nicht erlaubt, teilzunehmen.

Er werde aber beim Termin anwesend sein und für meine Freilassung sorgen. Falls O'Connor wirklich tot war, sagte er, dann würde er die Einstellung des Verfahrens fordern.

„Machen Sie sich keine Sorgen", sagte er. „Ich kümmere mich um alles!"

Überflüssig zu erwähnen, daß ich in Panik geriet, als er „Machen Sie sich keine Sorgen" sagte.

Sechs Monate vergingen, bis ich wieder zum Gericht gebracht wurde. Niemand hatte mich darüber informiert, was bei dem Termin in Bangkok herausgekommen war, auch nicht mein Verteidiger. Das Procedere bei Gericht war ein Witz.

Als ich den Gerichtssaal betrat, las der Richter vor, was in Bangkok verhandelt worden war.

Mein Verteidiger war anwesend, vermied es aber, mir in die Augen zu sehen. Als ich in den Gerichtssaal geführt wurde, machte er alles, um mich nicht ansehen zu müssen. Er ignorierte mich völlig.

Der Richter verkündete, daß Mr. O'Connor keine Zeugenaussage gemacht habe, bevor er feststellte, daß ohne diesen wichtigen Zeugen der Fall nicht weiterverfolgt werden könne.

Als ich das hörte, konnte ich es kaum fassen.

Dann verkündete der Richter, daß er das Verfahren auf den 26. Juni 1998 vertagte. Die Verhandlung werde vor einem anderen Gericht stattfinden, und O'Connor werde persönlich erscheinen.

Mein Verteidiger saß da und sagte nichts.

Als der Termin vorbei zu sein schien, und mein Anwalt immer noch nichts über O'Connors Tod gesagt hatte, hob ich meine Hand und erlangte die Aufmerksamkeit des Richters. Der Verteidiger sah mich entsetzt an, der Richter ebenfalls.

Ich ignorierte das und erklärte dem Richter, daß O'Connor verstorben war.

Der Richter war überrascht, daß ich gesprochen hatte. Jeder im Gericht dachte wohl ähnlich. Der Richter versuchte sein Bestes, die Haltung zu bewahren und fragte meinen Verteidiger, ob dies tatsächlich der Fall war.

„Ist Mr. O'Connor wirklich tot?"

„Ja, es ist wahr, Euer Ehren", sagte er und verbeugte sich vor dem Richter. „Mr. O'Connor ist tot."

Der Richter sagte nichts, drehte sich um und verließ den Saal ohne ein weiteres Wort.

„Was soll das, verdammt noch mal?" fragte ich. „Das Verfahren sollte eingestellt werden, wenn kein Zeuge da ist! Warum haben Sie nichts gesagt und einfach herumgesessen?"

Er sagte nichts. Er sah mich nur an, aber der Dolmetscher war nicht so still.

„Du blödes, undankbares Arschloch!" sagte er. „Er hat alles getan, um dir zu helfen. Er fuhr nach Bangkok zum Termin und er ist hier, um dir heute zu helfen, aber du beleidigst ihn, indem du direkt zum Richter sprichst!"

Ich verlor meine Beherrschung und feuerte ihn auf der Stelle. Der Dolmetscher rief mir einige Schimpfwörter zu, aber das kümmerte mich nicht. Damit war es für ihn vorbei.

Ich fand einen neuen Anwalt, meinen dritten, seit meine Odyssee begann. Ich hoffte, er könnte den Fall so schnell wie möglich abschließen – so daß er auch schnell bezahlt werden konnte.

Aber meine Entscheidung, ihn zu beauftragen, verzögerte den Gerichtstermin. Es war immer die gleiche Geschichte:

Ich wurde alle zwölf Wochen vom Gefängnis zum Gericht gebracht, nur um dort herumzuhängen und zu warten.

Ich sprach zu dieser Zeit nur wenig Thai. Zwar lernte ich es, hatte aber immer noch Schwierigkeiten. Ich fand nur über meine mitangeklagten Thai-Kumpels heraus, was bei Gericht vor sich ging, wenn sie in demselben Sitzungssaal auf ihren Fall warteten. Sie hörten allen Fällen zu und berichteten detailreich, was gesagt worden war. Ohne sie hätte ich nie herausgefunden, wie ich beschissen wurde.

Nach drei Jahren wurde schließlich mit der Beweisaufnahme begonnen. Ein sehr informeller Termin, um es milde zu formulieren.

Dieses Mal rief die Staatsanwaltschaft Zeugen auf.

Der erste war einer meiner Kollegen, der gekommen war, um mir bei dem Treffen auf der Baustelle zu helfen. Er bezeugte, daß ich ihm erklärt hatte, wie Mr. O'Connor 460.000 Dollar von mir stahl, indem er einen seiner betrügerischen Tricks angewandt hatte. Er bestätigte vor Gericht, er habe mir dabei geholfen, O'Connor zu schnappen und dafür gesorgt, daß am fraglichen Tag zwei Polizeibeamte anwesend waren.

Er bestätigte meine Aussage, O'Connor habe mich angegriffen, als er merkte, daß er in der Falle saß. Er sagte, O'Connor schien zu stark für mich, und die beiden Polizisten mußten einschreiten. Weitere Probleme gab es nicht, kurz vor Ende des Treffens ging er, daher wisse er nicht, was sich danach ereignete.

Er bezeugte auch, daß er mich ein paar Jahre kannte, und er beschrieb mich als netten Typen, der bei jedem im Büro beliebt war. Er und alle anderen waren überrascht zu hören, daß ich wegen Mordes festgenommen worden war.

Mein Verteidiger nahm ihn nicht ins Kreuzverhör, er sagte nichts, das schaden konnte. Ganz im Gegenteil, der Zeuge half der Verteidigung mehr als der Staatsanwaltschaft.

Der zweite Zeuge war einer der Polizeibeamten, die bei dem Treffen dabei waren, als ich O'Connor schnappte. Er bezeugte, daß er darum gebeten worden war, an dem Treffen teilzunehmen und O'Connor zu verhaften, wenn er auftauchte. Der Beamte sagte aus, er habe O'Connor gesehen, wie er mich angriff und habe ihn weggezogen.

Er sagte, O'Connor habe sich einverstanden erklärt, das Geld zurückzuzahlen, das er gestohlen hatte. Er und der andere Polizeibeamte seien daraufhin gegangen.

Er sagte, er könne kein Licht in das Dunkel über die Vorfälle bringen, die sich danach zutrugen, und er wisse nichts von einem Mord. Auch dieser Zeuge der Anklage konnte dem Gericht nichts sagen, das mir Schaden zufügte.

Der dritte Zeuge sollte der Arzt sein, der die Autopsie an Holdworths Leiche durchgeführt hatte. Er hatte sich jedoch entschlossen, nicht an der Verhandlung teilzunehmen, aber ein schriftlicher Bericht war eingereicht worden, den der Staatsanwalt als Beweis vorlegte.

Der Bericht besagte, daß von den Prellungen und Spuren auf Holdsworths Leiche davon auszugehen sei, daß dieser in eine Schlägerei verwickelt war. Der Bericht besagte, auf Holdsworth sei mehrmals eingestochen worden, er hatte auch Wunden am Nacken und am Ohr, die ihm vermutlich von einer Ratte oder einem Hund zugefügt worden waren.

Dem Bericht war nicht die Todesursache zu entnehmen, es hieß lediglich, Holdsworth sei tot.

Der Fall war einfach nur absurd. Die Staatsanwaltschaft präsentierte keine forensischen Beweise, die mich mit dem Verbrechen in Verbindung brachten.

Das Beste kam aber zum Schluß.

Fast am Ende hielt der Staatsanwalt ein Stück Papier in die Höhe – er behauptete, dies sei die Mordwaffe.

Es war kein Messer, nicht einmal die Fotografie eines Messers. Es handelte sich um eine schwarzweiße Fotokopie, die einen Teil eines Messers zeigte, verbogen und verbeult, ohne Griff.

Ich dachte, ich bekomme einen zuviel. Ich sah mich im Gerichtssaal um, weil ich glaubte, das echte Messer würde dem Richter vorliegen oder gezeigt werden, aber ich konnte nichts entdecken.

Der Staatsanwalt fuhr fort. Er sagte, das Messer sei von der Polizei gefunden worden. Nicht in oder nahe der Leiche, aber irgendwo in der Nähe des vermeintlichen Tatortes.

Fingerabdrücke gab es keine.

Mir war das Messer auf dem Polizeirevier gezeigt worden. Es war verbogen und verbeult und verrostet, aber die Polizei hatte versucht, einige der Beulen herauszuhämmern. Ich dachte, die hatten keine gute Arbeit geleistet, denn die Beulen waren sogar noch auf der Fotokopie zu sehen.

Der Staatsanwalt berichtete dem Richter, daß Blutspuren am Messer gefunden worden waren. Dummerweise zu wenig, um die Blutgruppe zu identifizieren, aber er sagte, er sei sicher, es handele sich um das Blut des Opfers.

Ich legte gegenüber meinem Verteidiger Einspruch dagegen ein, daß das Stück Papier als Beweisstück zugelassen wurde. Ich dachte immer, daß ein Beweisstück genau das ist – ein Gegenstand, keinesfalls konnte eine Fotografie, und ganz sicher keine Fotokopie dem Gericht präsentiert werden.

Ich wartete ab und fragte mich, wann diese Charade ein Ende finden würde. Ich war im Grunde ziemlich zuversichtlich, daß der Richter mich freisprechen würde.

Ich tippte meinem Verteidiger auf die Schulter und bat ihn darum, etwas zu unternehmen. Er drehte sich um und sagte, es sei nicht nötig, Einspruch einzulegen. Der Richter würde selbst wissen, daß die Fotokopie keinesfalls akzeptabel war.

Wenn wir Einspruch einlegten, sagte er, würde es so aussehen, als ob wir dem Richter Jura beibringen wollten. Er war sehr darauf bedacht, daß ich ruhig blieb und nichts sagte.

„Beruhigen Sie sich!“ sagte er. „Wenn Sie vor dem Richter wütend werden, könnte er glauben, Sie sind aggressiv. Das ist in einem Mordprozeß nicht so gut. Wenn Sie nicht aufpassen, werden sie vielleicht deshalb verurteilt!“

Wider besseren Wissens versprach ich, nichts zu sagen. Ich glaubte ehrlich daran, bald freigelassen zu werden. Ich wollte das nicht gefährden.

Die letzten Beweisstücke, die der Staatsanwalt dem Richter präsentierte, waren die Fotos, die die Polizei von der Rekonstruktion des Verbrechens gemacht hatte. Er behauptete, sie zeigten, wie ich den Mord nachstellte und wies auf mein blutiges T-Shirt hin.

Das war zu viel. Ich legte Einspruch ein ohne auf meinen Verteidiger zu warten.

Ich stand auf und berichtete, daß die Polizei mich zum Tatort geführt und mir gesagt hatte, wo ich stehen und was ich tun sollte, das alles mit der Androhung von Folter. Ich wollte, daß der Richter erfuhr, was geschehen war.

Mein Anwalt war schockiert.

Der Richter wandte sich an mich und sagte: „Aber Sie sind das doch auf den Bildern, nicht wahr?“

Das bestätigte ich. Bevor ich meinen Einspruch weiter begründen konnte, stand der Richter auf und verließ den Saal. Mein Verteidiger saß mit einem leeren Gesichtsausdruck da.

Als ich ihn fragte, weshalb er keinen Einspruch eingelegt hatte, meinte er: „Ich habe Sie doch darum gebeten, den Richter nicht zu verärgern!“

Ich bekam nicht mehr die Möglichkeit, noch etwas zu sagen. Der Prozeß wurde erneut vertagt, und ich wurde zum Gefängnis zurückgebracht. Als der Richter zur Tür hinausgegangen war, wurde mir eines klar: Ich war total im Arsch.

# 11

Das Gefängnis von Chonburi war für 3500 Häftlinge ausgelegt, dort befanden sich aber 5000 Insassen, und jeden Tag kamen neue.

Ich fragte mich oft, wann sie endlich damit aufhörten, Männer in ein bereits überfülltes Gefängnis zu bringen. Die Thai-Gefangenen beschwerten sich nie, weil sie Angst hatten. Die Kommandos ermordeten und vergewaltigten regelmäßig Gefangene, um die Kontrolle nicht zu verlieren.

Ausländer wurden etwas besser behandelt. Als ich in Chonburi war, gab es nur etwa 50 ausländische Häftlinge, sie gingen daher davon aus, daß sie 4950 gehorsame Gefangene hatten und ungefähr 50 aufmüpfige Ausländer.

Die Kommandos trauten uns nie über den Weg und waren immer wachsam, wenn sie sich in unserer Nähe befanden. Sie wußten, daß wir wußten, daß sie an allen Arten von Verbrechen beteiligt waren.

Ich wußte auch, daß der Gefängnisdirektor und die Wärter stahlen, was ihnen unter die Hände kam. Sie stahlen, was für unsere täglichen Grundbedürfnisse bestimmt war, und teilten die Beute unter sich auf, wobei die Ränge beachtet wurden. Die Gefangenen mußten sich irgendwie durchschlagen.

Der Ort war eine Jauchegrube. Jeden Tag wurden wir zwischen 15.30 und 16 Uhr eingesperrt. In den Zellen war kein Essen erlaubt, keine Zigaretten. Es durfte nur Wasser getrunken werden. Es gab Wasserflaschen in den Zellen, aber sie waren aus den Toilettenleitungen abgefüllt worden. Ausländer rührten das Wasser nicht an, wir waren gezwungen, Trinkwasser von den Wärtern zu kaufen.

Die kooperierten mit uns und lieferten das Wasser, denn damit verdienten sie Geld, aber da endeten die Gemeinsamkeiten. Wir hatten keine Privilegien. Wir wurden alle gründlich untersucht, bevor wir den Zellenblock betreten mußten.

Wir durften keine persönlichen Gegenstände in die Zellen mitnehmen. Wenn man Zigaretten in die Zelle schmuggelte und dabei erwischt wurde, bekam man die Wahl: Entweder mußte man sie aufessen oder bekam eine Tracht Prügel.

Normalerweise einen Hieb oder Tritt pro Zigarette, das kam auf den Wärter an, der gerade Dienst hatte. Aber sie zogen Gefangene auch aus, sie mußten sich dann mit ausgestreckten Armen und Beinen hinstellen, so daß alle über sie lachen konnten. Wenn sie Glück hatten, bekamen sie ihre Kleidung in der Nacht zurück.

Wenn nicht, dann mußten sie nackt in die Zelle zurück und darauf warten, daß die Sachen am Morgen zurückgegeben wurden – und das führte weitere Probleme mit sich. Das Risiko von sexueller Nötigung und Vergewaltigung war immer gegenwärtig.

Auch wenn ich mich bis zu einem gewissen Grad an das Leben im Gefängnis gewöhnt hatte, so fürchtete ich mich immer vor der Nacht in der Zelle. Niemand freut sich darauf, in einer überfüllten Zelle mit thailändischen Drogenhändlern, Vergewaltigern und Perversen zu sitzen.

Sie waren am Tag schlimm genug, aber in der Nacht waren sie unerträglich.

In der Zelle, in der ich eingesperrt war, gab es ein Stück Bambus und einen Stock. Die Gefangenen mußten die ganze Nacht über jede Stunde zur vollen Stunde ein klares Signal von sich geben.

Die Häftlinge arbeiteten im Rotationssystem, übernahmen eine Stunde lang die „Wache", und weckten dann den nächsten Mann für dessen Schicht.

Die Wärter sollten eigentlich herumgehen und einen Blick auf die ganze Anlage werfen, aber sie saßen in ihren Stühlen und läuteten eine kleine Glocke. Jede Zelle antwortete mit dem Schlag auf den Bambus, und der Wärter schlief weiter. Wenn ein Gefangener einschlief und versäumte, das Signal zu senden, wurde er am nächsten Morgen geschlagen. Im Grunde war es beinahe unmöglich, überhaupt schlafen.

Das thailändische Gefängnissystem brutalisierte Häftlinge auf jede erdenkliche Weise. Ich kann das nicht oft genug erwähnen. Die Gefängnisleitung installierte vier ein Meter lange Neonlichtröhren in den Zellen, die die ganze Nacht lang brannten. Die Kommandos weigerten sich, auch nur eine abzuschalten, und die meisten von uns trugen Augenbinden, um schlafen zu können.

Am Anfang schlief ich oft drei oder vier Nächte hintereinander überhaupt nicht. Irgendwann schmierte ich einen Wärter, damit er mir ein paar Schlaftabletten besorgte. Er gab mir immer nur eine, denn wenn ich versuchte, mir das Leben zu nehmen, konnte das womöglich auf ihn zurückfallen. Daher nahm ich die eine Tablette und hoffte das Beste.

Zurückblickend glaube ich jetzt aber, daß es der schiere Streß war, der es schwierig machte, unter diesen Bedingungen mehr als ein paar Stunden pro Nacht zu schlafen.

Die anderen Gefangenen waren zudem unbeschreiblich laut und widerwärtig. Sie marschierten mit Getöse nackt in der Zelle umher.

Und sie machten für Geld einfach alles. Die meisten von ihnen bettelten andere um Geld an, insbesondere die Ausländer, damit sie einen Sack Reis kaufen konnten, sie brauchten Geld fürs Spielen oder um sich ein Pornomagazin gegen Gebühr zu leihen. Das Spielen und die Pornos sorgten für eine aufgeheizte Atmosphäre. Spielen führte zu Schlägereien, und in einer kleinen und vollgestopften Zelle ist davon jeder betroffen. Aber die Pornos waren schlimmer, die ganze Angelegenheit einfach nur krank.

Die meisten der Langzeit-Häftlinge hatten jede Selbstachtung verloren. Sie masturbierten ständig auf der Toilette. Diese war nur durch eine ein Meter hohe Mauer von der Zelle abgetrennt, daher war es unmöglich, das nicht zu bemerken.

Ein Mann, der in einer Zelle mit 40 Männern masturbierte, mag nicht so schlimm sein, aber es war niemals nur einer. Wenn es jemandem gelungen war, ein Pornomagazin in die Zelle zu schmuggeln, dann entstand eine Schlange von 15 oder 20 Gefangenen, die darauf warteten, auf die Toilette gehen zu können.

Einige machten sich nicht einmal diese Mühe. Sie nahmen einfach ihren Penis heraus und erleichterten sich mitten in der Zelle. Wenn sie fertig waren, benutzten sie ihr T-Shirt oder ihr Laken, um sich zu säubern.

Andere befriedigten sich gegenseitig, wieder andere hatten Sex mit anderen Männern, die sie als ihre „Gefängnisfrauen" bezeichneten. Viele dieser Männer hatten mehr als zehn Jahre bekommen und waren aus lauter Verzweiflung homosexuell geworden.

Jeder war der Gefahr der Massenvergewaltigung ausgesetzt. Ich sah sehr oft, wie Männer vergewaltigt wurden.

Ein Thai in meiner Zelle war wegen Kindesmißbrauchs verurteilt worden. Er war erst wenige Tage in der Zelle, als wir das herausfanden. In dieser Nacht gab ihm der Zellenaufseher einen Schlafplatz neben sich.

Später in der Nacht vergewaltigte er ihn und machte das eine Woche lang jede Nacht. Der Mann beschwerte sich bei einem Wärter und wurde verlegt. Gott weiß, was ihm zugestoßen wäre, wenn der Wachmann kein Einsehen gehabt hätte.

Als ich ins Gefängnis kam, war ich naiv und sah nicht so aus, als ob ich für die Verteidigung meiner Rechte standhaft genug sein konnte. Aber die Jahre in Haft machten mich erstaunlich stark. Ich änderte mein Aussehen und behandelte die Leute anders. Ich rasierte die Haare von meinem Kopf und ließ mich tätowieren. Nach ein paar Monaten im Gefängnis war für jeden klar, daß es unklug war, sich mit mir anzulegen.

Das stellte sicher, daß ich nicht vergewaltigt wurde. Niemals wurde ich sexuell genötigt, weil die anderen Gefangenen wußten, was das für Konsequenzen haben würde. Ich hatte mich geändert, nachdem ich dorthin geschickt wurde. Ich war nicht mehr der schmächtige, sittsame Geschäftsmann, der ich einmal war. Ich hatte mich angepaßt, und es war mir sehr wohl möglich, auf mich aufzupassen.

Ich war stark und mußte mich nicht in sexuelle Widerwärtigkeiten flüchten, um zu überleben. Ich versuchte, das so gut wie möglich auszublenden, aber da sich die Hälfte der Gefangenen auf die eine oder andere Weise damit beschäftigten, war das nicht ganz einfach.

Ich verbrachte mein ganzes Leben unter Männern und arbeitete ohne Unterbrechung viele Monate Offshore. Aber ich sah niemals, wie sich Männer wirklich benehmen konnten, bevor ich ins Gefängnis kam. Es gab Momente, da hätte ich am liebsten alle kastriert, und es gab Momente, da mußte ich mich sehr zusammenreißen, damit ich nicht die ganze Bande umbrachte.

Ich fand es besonders schlimm, wenn sich Ausländer so benahmen.

Ich kann mich an einen ganz bestimmten englischen Gefangenen namens Simon erinnern. Er war in Chonburi, weil er eine Frau belästigt hatte.

Simon hatte in einem Einkaufszentrum einer Verkäuferin an die Brüste gefaßt. Dafür bekam er sechs Monate.

Eines Abends, bevor alle schliefen, ging Simon auf die Toilette. Er drehte sich noch nicht einmal um, sondern saß einfach da und masturbierte. Ich rief ihm zu, er solle sich zusammenreißen und sich nicht so benehmen wie die anderen.

Er drehte sich grinsend in meine Richtung und sagte: „Ich kann jetzt nicht aufhören!"

Ich hatte genug. Ich stand auf und schlug ihn zusammen.

Simon weigerte sich, am nächsten Abend in die Zelle zu kommen. Als er den Wärtern erklärte, warum, dachten alle, dies sei eine witzige Geschichte. Sie brachten ihn in eine andere Zelle.

Nicht alle Thai-Häftlinge waren Schwächlinge. Es gab Gruppen oder Banden von Thai-Gefangenen, die sich selbst die Samurai nannten. Aber sie hatten keinen Kodex und keine Ehre wie die richtigen Samurai. Es waren im Grunde nur Banden von Kriminellen, die sich an den schwächeren Häftlingen vergingen oder Geld von ihnen erpreßten.

Sie waren vielleicht keine richtigen Samurai, aber sie waren gefährlich. Wenn man sie wütend machte, schlugen sie zurück. Ich war immer vorsichtig in ihrer Nähe.

Sie dachten sich nichts weiter dabei, wenn sie Rivalen mit angespitzten Zahnbürsten oder Löffeln erstachen oder Schädel mit Betonklötzen einschlugen.

Sie kämpften immerzu, und töteten sich auch gegenseitig für eine Handvoll Baht oder wenn sie glaubten, sie hätten vor ihren Freunden das Gesicht verloren. Mein Leben war mehr wert als ein paar Baht, daher versuchte ich, mit den Samurai so wenig wie möglich zu tun zu haben.

Davon abgesehen, brachen die meisten Schlägereien wegen Spielschulden aus oder weil jemand Geld geliehen hatte. Manchmal ging es auch um Drogen. Aber wie gesagt, alles Erdenkliche konnte der Grund sein.

Ich überlebte, weil ich immer wieder daran dachte, daß ich der einzige war, dem ich vertrauen konnte.

Ich hatte ein paar Freunde im Gefängnis, im Großen und Ganzen versuchte ich aber, nicht zu vertraut mit jemandem zu werden. Es spielte keine Rolle, wer sie waren. Alle waren verdammte Kriminelle, und ich fand bald heraus, daß mich meine Mitgefangenen betrogen, wo sie nur konnten.

Da gibt es einen Fall, der mir auf Anhieb einfällt. Vor meiner Verhaftung, als ich in Pattaya lebte, freundete sich ein Engländer, der auf der anderen Straßenseite mit seinem Freund zusammenlebte, mit meiner Frau Nanglung an. Ich traf ihn ein oder zweimal, und er schien ein netter Kerl zu sein.

Eines Tages fragte er Nanglung, ob er 5000 Baht leihen könnte, bis sein Geld aus England ankam.

Meine Frau fragte mich, ob das in Ordnung sei.

„Wenn er wirklich nichts mehr hat, dann leihe es ihm", sagte ich.

Er bekam seine 5000 Baht.

Ein paar Wochen vergingen, und dann war er plötzlich verschwunden. Er war umgezogen, ohne ein Wort zu sagen. Ich kam mir dumm vor, weil ich ihm vertraut hatte, aber so ist das Leben.

Ich war zwei Jahre im Gefängnis von Chonburi, als Andrew – oder André, wie dieser nette Mensch gern genannt werden wollte, auftauchte.

Er war verhaftet worden, weil er angeblich einen kleinen Jungen mißbraucht hatte, er beteuerte seine Unschuld.

Er war äußerst überrascht, mich zu sehen. Er wußte, daß ich verhaftet worden war, vermutete mich aber im Bangkwang-Gefängnis in Bangkok.

Er entschuldigte sich wegen des Geldes.

„Mach' dir keine Sorgen", sagte er. „Ich werde jetzt alles bereinigen."

Er sagte, er warte gerade darauf, daß er über die Botschaft Geld bekomme.

Ich mußte ihm im Gefängnis helfen, weil er nichts und niemanden kannte. Ich verhalf ihm zu einer guten Zelle und besorgte einen Kredit im Gefängnisladen.

Er sagte, nun wisse er, wo ich zu finden sei und unter welchen Bedingungen ich lebte. Er würde die 5000 Baht zurückzahlen, sobald er herauskam. Er wollte Freßpakete schicken, Medikamente, Bücher und Magazine. Was immer ich wollte, ich würde es bekommen.

Ein paar Tage später war er wieder verschwunden, auf Kaution entlassen. Ich sah niemals einen müden Baht von den 5000, und auch keine Freßpakete oder all die anderen Dinge, die er versprochen hatte. Ich bekam noch nicht einmal einen Brief.

Was er mir überlassen hatte, war sein aufgenommener Kredit im Gefängnisladen, den ich zurückzahlen mußte – ob ich wollte oder nicht. Das war einfach nur typisch.

Es gibt ein Sprichwort, das da heißt: Rache ist süß. Ich traf André vier Jahre später in einem anderen Gefängnis wieder. Er war erneut wegen Mißbrauchs von kleinen Jungen verhaftet worden.

Am liebsten hätte ich ihm die Fresse poliert, aber er hatte gerade einen Schlaganfall gehabt, und ich brachte es nicht über mich, ihn zu schlagen. Erstaunlicherweise bat er mich wieder um Hilfe.

„Kannst du dafür sorgen, daß ich in deinen Block verlegt werde?“ fragt er.

„Keine Chance. Ich will dich nicht in meiner Nähe haben“, sagte ich schulterzuckend.

„Nun, vielleicht kannst du mir mit ein paar Zigaretten und etwas Kaffee aushelfen?“

„Du kannst mich mal“, sagte ich unverblümt und verließ den Raum.

Er konnte auf sich selbst acht geben. Eigentlich war es keine Rache, sondern Gerechtigkeit im besten Sinne.

Unter den Kriminellen gab es keine Loyalität. Ich kann mich an diesen Amerikaner erinnern, den ich regelmäßig auf ein paar Bier und eine Partie Billard traf. Eines Tages landete er in Chonburi. Er sagte mir genau wie André, er hätte keine Ahnung gehabt, wo ich war, sonst hätte er mich „garantiert besucht." Er sagte, er wurde wegen einer Schlägerei in einer Wäscherei verhaftet, würde aber bald auf Kaution freikommen.

Er war schockiert, als er den Zustand des Gefängnisses sah.

„Mein Gott", sagte er. „Wie kannst du in dieser Scheiße überleben?"

Er hatte nur die Kleider am Leib, die er trug, als er verhaftet wurde. Sie waren schmutzig, daher gab ich ihm ein paar meiner eigenen Sachen, so daß seine gewaschen werden konnten. Ich kaufte für ihn eine Schüssel für die Dusche, Seife, eine Zahnbürste, Zahnpasta sowie eine Tüte mit Kaffee, Milchpulver und Zucker.

Er versprach, für mich alles Menschenmögliche zu tun, sobald er auf Kaution frei kam.

Ein paar Tage später wurde seinem Antrag auf Kaution stattgegeben, und er war weg. Er kam nicht nur heraus, der geizige Mistkerl hatte alles mitgenommen: meine Kleidung, die Schüssel, ein Stück Seife, sogar eine halbe Tüte Kaffee und Zucker. Er hinterließ nichts. Aber ich bin sicher, daß ich ihn eines Tages wiedertreffen werde so wie André, denn man trifft sich immer zweimal im Leben.

# 12

Meine ersten paar Jahre im Gefängnis von Chonburi waren ein Alptraum. Ich wurde täglich geschlagen und erniedrigt. Ich hatte mich niemals vorher so mies gefühlt. Meine Thai-Frau hatte meine Kaution gestohlen, und ich konnte mir keinen neuen Rechtsanwalt leisten.

Als ich darauf wartete, daß mein Gerichtsverfahren abgeschlossen und das Urteil verkündet wurde, verschlechterte sich mein Gesundheitszustand. Das geschah allmählich, ich habe heute noch mit den Auswirkungen zu kämpfen.

Die Zellen, in denen wir schliefen, waren im Grunde große Käfige. Sie hatten offene Wände mit Gittern ringsherum.

Einige Stellen waren mit Moskitonetzen abgedeckt, andere nicht.

Im Sommer war das erträglich, aber während der Monsunzeit wurde es zum Alptraum. Der Wind pfiff durch die Zelle, es regnete erbarmungslos herein. Ein paar von uns versuchten, Laken an den Gittern zu befestigen, aber die Wärter verlangten sofort, diese abzunehmen. Sie sagten, sie müßten immer alles sehen können.

In Chonburi lebte ich in einer Zelle, die für 20 Gefangene ausgelegt war, aber es befanden sich viel mehr darin, die wie die Ölsardinen schliefen. Es gab keinen Platz, um zu furzen, geschweige denn zu schlafen. Es gab keine Betten – wenn es welche gegeben hätte, dann wäre es nicht mehr möglich gewesen, so viele Häftlinge in der Zelle unterzubringen.

Niemand da draußen dachte daran, daß ein Häftling auch einmal Hunger hat, insbesondere heutzutage, wo in den meisten Gefängnissen der Welt Gerichte serviert werden, die sogar ein Gourmet mögen würde. In thailändischen Haftanstalten gab es aber nichts, woran sich ein Gourmet hätte erfreuen können. Man konnte das noch nicht einmal als Essen bezeichnen.

Uns wurde etwas vorgesetzt, das sich *khao daeng* nannte, der billigste Reis, den es gab. Er wurde nicht gewaschen, sondern so gekocht, wie ihn die Farmer angelieferten. In Chonburi wurde der Reis in großen Bottichen gekocht, die wohl niemals gesäubert wurden, denn der Reis stank.

In der Fischsuppe waren so viele Chilis und andere Gewürze, daß man nichts anderes mehr schmeckte. Gott weiß, was noch alles drin war.

Ich war niemals mutig genug, den Mist zu essen, den sie uns servierten. Wenn etwas stank, war es verdorben. Ich konnte das nicht essen, selbst wenn ich es gewollt hätte.

Die armen Schweine, die das aßen, hatten draußen keine Familie oder Freunde, die sie besuchten und ihnen etwas Geld gaben.

Die meisten von uns kauften Lebensmittel im Gefängnisladen. Das Geschäft verkaufte weißen Reis, Omelettes, Hühnchen, Brot und ein paar andere Sachen. Vorbereitet wurde das Essen von den Ehefrauen der Wärter, den Geliebten oder anderen Familienmitgliedern – dennoch stieß man beim Essen auf Haare, Fliegen, Mücken und ein paar andere Überraschungen. Den Wärtern war erlaubt, pro Tag Lebensmittel im Wert von rund 2500 Baht zu verkaufen, das bedeutete, auf diese Weise konnten sie das Zehnfache ihres Gehalts dazu verdienen.

Oft aß ich tagelang nichts, weil ich kein Geld hatte, Essen zu kaufen, und ich mich einfach nicht dazu zwingen konnte, den Mist zu mir zu nehmen, den sie anboten. Aber das interessierte niemanden. Tatsächlich wurden im Gefängnis nur Mahlzeiten für 200 Gefangene zubereitet, denn nur die ärmsten Häftlinge aßen es. Der Staat zahlte an das Gefängnis Essensgeld für alle Gefangenen – natürlich stahlen das die Wärter.

Die schlechte Ernährung richtete in meinem Verdauungstrakt Chaos an. Als ich ins Gefängnis kam, begann ich, abzunehmen, mit der Zeit verschlechterte sich auch mein Gesundheitszustand. Die Tatsache, daß es keine medizinische Beratung oder Vorsorge gab, ließ den Verfall um so schneller vorangehen.

In Chonburi gab es keinen Arzt, nur einen Sanitäter. Es gab keine Klinik und keinen Zahnarzt.

Meine Zähne waren zuerst betroffen. Nach ein paar Jahren in der ungesunden Umgebung und dem schrecklichen Essen, wurden sie sehr schlecht.

Jedes Jahr kam ein Zahnarzt nach Chonburi. Als sein Besuch kurz bevorstand, hatte ich große Schmerzen, daher trug ich mich in die Terminliste ein.

Ich nahm den Termin mit einem anderen Ausländer, Amir, wahr. Etwa 500 Gefangene wollten an diesem Tag zum Zahnarzt.

Wir mußten uns alle im Hof hinhocken und warten. Schließlich erschienen zwölf Personen in weißen Kitteln. Sie sahen wie Studenten aus, und das sollte sich auch bewahrheiten.

Sie riefen Namen auf, und die jeweiligen Gefangenen erhoben sich, um behandelt zu werden. Aber es gab keine Untersuchung oder irgendeine Art von richtiger Behandlung. Es wurde bald klar, daß sie nur aus einem Grund gekommen waren: Zähne ziehen.

Die ersten drei oder vier Studenten verabreichten Novokainspritzen. Die Häftlinge mußten sich dann in eine Reihe stellen, damit andere Stundenten die Zähne ziehen konnten.

Ich war entsetzt. Die Studenten trugen alle Gummihandschuhe und Gesichtsmasken, auf Hygiene wurde aber nicht geachtet. Sie hatten keine 500 Spritzen dabei. Statt dessen wurden dieselben Spritzen in eine Alkohollösung getunkt und wiederverwendet. Dasselbe galt für die Zangen.

Ich betrachtete voller Ekel, was da vor sich ging. Die Zangen konnten beim besten Willen nicht steril sein. Mir fiel auch auf, daß die Studenten niemals die Handschuhe wechselten. Etwa alle 30 Sekunden zogen sie einen Zahn. Als ich an der Reihe war, weigerte ich mich, in deren Nähe zu gehen. Amir auch.

„Scheiß drauf", sagte ich zu ihm. Wir gingen schnell an den Studenten vorbei. Überall war Blut, Zähne und Zahnstücke lagen auf dem Hof herum wie Konfetti.

In den nächsten Monaten brachte ich Dutzende Anträge ein, um mich von einem richtigen Zahnarzt behandeln lassen zu können. Sie wollten mich nicht aus dem Gefängnis lassen, auch wenn direkt davor ein Krankenhaus stand, ich hätte nur die Straße zu überqueren brauchen. Sie sagten, ich sei ein potentielles Fluchtrisiko.

Schließlich, vielleicht nur, damit ich endlich meinen Mund hielt, erklärte sich der Gebäudeaufseher damit einverstanden, aus einem der staatlichen Krankenhäuser einen Zahnarzt kommen zu lassen.

Nachdem er sich meine Zähne angesehen hatte, sagte der Zahnarzt, 18 müßten gezogen werden, das müsse im Krankenhaus erledigt werden. Er sagte, er könne so viele Zähne nicht im Gefängnis ziehen.

Als der Tag kam, an dem ich ins Krankenhaus sollte, gab es keinen Gefängniswagen oder Bus. Nach all der Aufregung um die Sicherheit und Fluchtrisiken und die Notwendigkeit, mich in Ketten zu legen, fuhr ich auf dem Sozius eines Motorrades ins Krankenhaus.

Ich möchte diesen Punkt klarstellen. Es geht nicht darum, daß sie mir plötzlich trauten. Ich mußte nach wie vor die Ketten tragen, daher setzte ich mich seitwärts auf den Sitz. Es wäre aber nicht schwierig gewesen, den Wärter zu erdrosseln und trotzdem zu flüchten. Ein anderer Gefangener hätte vielleicht genau das getan.

Ich fuhr auf diese Weise etwa zehnmal mit dem Motorrad ins Krankenhaus. Ein paarmal benutzten wir den Pick-up eines Wärters, ich setzte mich auf die Ladefläche. Einige Male nahmen wir auch ein Taxi. Ich ging sogar zweimal zu Fuß, denn es gab kein Auto oder Motorrad. Es war ein etwa 30minütiger Weg zum nächstgelegenen staatlichen Krankenhaus mit zahnärztlicher Abteilung, und das war mit den vier Kilo schweren Ketten kein Spaß.

Natürlich mußte ich für die Behandlung und meinen Zahnersatz bezahlen. Das Gefängnis hätte das übernehmen müssen, aber so war es nicht.

Die von thailändischen Regierungen verabschiedeten Gesetze sind ziemlich vernünftig, aber das Problem ist, daß sich Thais nicht daran halten. Wenn sie es tun würden, wäre das Leben in Gefängnissen viel einfacher. Aber sie mißachten, ignorieren oder pervertieren das Gesetz bei jeder sich bietenden Gelegenheit.

Beispielsweise müssen nach thailändischem und internationalem Recht Untersuchungsgefangene von den Verurteilten getrennt werden. In der Praxis war man aber verurteilt, sobald man durch das Gefängnistor schritt. Es gab keine Ungleichheit unter den Gefangenen, alle wurden gleichermaßen wie Scheiße behandelt.

Der einzige Unterschied war, daß man einem Häftling die Ketten nach der Verurteilung abnahm.

Das thailändische Gesetz besagte, daß „Methoden der körperlichen Einschränkung keinesfalls als Art der Bestrafung benutzt werden dürfen.“ Aber ich hatte Männer gesehen, die mit drei Ketten um ihre Fußgelenke herumlaufen mußten, weil sie beim Glücksspiel oder Drogenmißbrauch erwischt wurden. Ich sah andere, denen ein verdammter Anker ans Bein gekettet wurde. Die waren so schwer, daß sie sie halb trugen und halb über die Boden schleiften, um vorwärts zu kommen.

Beliebt war aber die „Verkettung“ – normalerweise benutzt, wenn man bei homosexuellen oder ähnlichen Handlungen ertappt wurde, aber auch für Gruppen vorgesehen, die gemeinsam die Vorschriften mißachtet hatten. Die Verkettung betraf alle, die beteiligt waren: drei, fünf, zehn oder mehr Männer wurden alle an den Fußgelenken aneinander gekettet.

Wenn einer pissen wollte, mußten alle gehen. Wenn einer kacken wollte, gingen alle. Sie mußten zusammen essen, schlafen und duschen. Das war ziemlich schwierig, um nicht zu sagen peinlich.

Die Tatsache, daß es illegal war, einen Gefangenen in Ketten dem Gericht vorzuführen, störte diese Leute nicht. Viele Leute sagten mir, Richter seien nicht befangen, wenn sie Ketten sehen. Aber ich bin anderer Meinung. Wie kann man von der Unschuldsvermutung ausgehen, wenn die Häftlinge in Ketten vor einem stehen?

Im Gegensatz zu mir, kannten die meisten Gefangenen das Gesetz nicht oder wußten nicht, welche Rechte sie hatten, weil es ihnen niemand erzählte.

Irgendwann gelang es mir, von einem Rechtsanwalt eine Kopie des Thailändischen Strafvollzugsgesetzes zu bekommen. Er wußte, wie die Situation in den Gefängnissen war, aber wie alle Anwälte, die ich beauftragt hatte, behauptete er, es würde seiner Karriere schaden, wenn er sich bei einem Richter über die Haftbedingungen beschwerte. Dennoch studierte ich das Dokument, das er mir gab.

Als die Monate vergingen und ich nichts von meinem Fall hörte, akzeptierte ich, daß man mich schuldig sprechen würde. Das spornte mich an, das System von innen zu bekämpfen. Und ich wurde zu einem großen Problem für das Gefängnis. Ich weigerte mich – oder sollte ich lieber sagen –

ich versuchte, mich zu weigern, wie ein Tier behandelt zu werden.

Nach Jahren in Ketten, obwohl ich nie wegen eines Verbrechens verurteilt worden war, schrieben ein japanischer Freund, Kim, und ich an Amnesty International und diverse andere Menschenrechtsorganisationen.

Ich bat sie in den Briefen um Hilfe, damit ein für allemal unsere Ketten entfernt wurden.

Unsere Briefe wurden gelesen und Amnesty schlug vor, die Angelegenheit vors Gericht zu bringen und so zu versuchen, daß unsere Ketten abgenommen wurden.

Das machte schnell die Runde, und die Wärter schikanierten Kim und mich mehr als sonst. Die Kommandos kamen und sagten mir, wenn ich noch einmal jemandem erzählte, was im Gefängnis vor sich ginge, dann würde mir das noch leid tun. Sie sagten, wenn das vorbei war, würden wir für die von uns verursachten Schwierigkeiten bezahlen.

Niemand wollte in unserer Nähe sitzen. Jeder hatte davor Angst, seinen Teil abzubekommen, wenn die Kacke am Dampfen war. Es war eine sehr gefährliche Zeit, aber wir nahmen das auf uns.

Da Amnesty beteiligt war, fand der erste Termin innerhalb von ein paar Monaten statt.

Der Richter konnte gegen unsere Argumentation nicht angehen, und da sich mehrere Menschenrechtsanwälte im Gerichtssaal befanden, hatte er Angst, den Fall einfach abzuweisen. Am Schluß der Sitzung verkündete er, daß unsere Ketten sofort abgenommen werden mußten – und nicht nur unsere.

Ich trug die Ketten zwei Jahre lang, aber ich kannte Männer, die trugen sie seit acht. Das Urteil zwang die Gefängnisleitung, 600 Männern die Ketten abzunehmen.

Kim und ich wurden an diesem Tag wie Helden gefeiert. Sogar die Wärter gaben zu, daß wir Mumm hatten. Aber sie sahen uns nun als Querulanten an. Ein Kommando drohte sogar, mich zu töten.

„Oho, du denkst wohl, du bist was Besonderes?“ sagte er. „Das ist Thailand. Hier stirbst du sehr schnell.“

Es dauerte eine Weile, bis ich am Ende des Tages realisierte, wie recht er hatte, aber es kümmerte mich nicht weiter.

Der Erfolg in diesem Verfahren ermutigte mich, an jede Gefangenenhilfsorganisation in Europa und an britische und irische Zeitungen zu schreiben. Ich bat nicht darum, meinen Fall groß herauszubringen, ich verlangte vielmehr von ihnen, daß sie etwas unternahmen.

Ich begann, jeden Tag Briefe zu schreiben.

Einen der Briefe schrieb ich an John Mulcahy, dem Chefredakteur des Magazins *Phoenix* in Irland. Ich erinnere mich, daß ich für John meine ganze Geschichte niederschrieb und dachte, daß er kein Wort davon glauben würde, weil alles viel zu unglaublich klang. Aber ich täuschte mich.

Er bekam den Brief und antwortete. Ich war schockiert. Dieser Brief war der erste, der mich aus Irland erreichte, abgesehen von Schreiben meiner Familie. Es ist schwierig zu beschreiben, wieviel dieser Brief für mich bedeutete.

John Mulcahy war gänzlich unvoreingenommen und bot Hilfe an. Da ich so oft Enttäuschungen erlebt hatte, weigerte ich mich, gute Laune zu bekommen. Niemand, abgesehen von Amnesty, hatte je praktische Hilfe geleistet.

John bewies das Gegenteil. *Phoenix* unterrichtete die irische Öffentlichkeit über den Fall. Sofort brachte diese Publicity Ergebnisse.

Leute schrieben mir und schickten Päckchen mit Büchern, Medikamenten und Hygieneartikeln.

Schon lange glaubte ich nicht mehr an Nächstenliebe, aber Mulcahys Eingreifen ermunterte mich. Die Leser von *Phoenix* spendeten Geld an einen Fond, den John ins Leben gerufen hatte und betreute. Ich kann nicht einmal andeuten, wie das meine Chancen verbesserte. Jede Woche bekam ich Briefe von Lesern des Magazins.

Das erste Mal seit meiner Verhaftung fühlte ich mich besser. Die Briefe machten mir Mut, um nicht zu sagen, sie retteten mich. Mehr als alles andere brachten sie Abwechslung in mein Leben. Ich freute mich immer auf den nächsten Tag, denn dann gab es entweder gute Neuigkeiten oder einen Brief oder ein unerwartetes Päckchen.

Ich glaube, ich bekam mehr Post als alle anderen zusammen.

Aber in Wahrheit hatte das keine Auswirkungen auf meinen Fall. Ich war immer noch darum bemüht, Gerechtigkeit von einem Justizsystem zu erfahren, das sicherlich das korrupteste in der ganzen Welt war.

# 13

Allein die Erwähnung meines Gerichtsverfahrens machte mich wütend, oder ich lachte einfach.

Es ist nicht schwierig zu verstehen, warum. Als ich die nächsten drei oder vier Male zum Gericht gebracht wurde, erschien der Staatsanwalt überhaupt nicht oder sagte, er habe keine Zeugen aufgerufen.

Das passierte in den folgenden neun Monaten immer wieder.

Obwohl gemäß dem thailändischen Gesetz eine Verhandlung nicht länger als 30 Tage unterbrochen werden darf, wurde ich nur alle drei Monate zum Gericht gebracht.

Ich beschwerte mich bei dem mir bestellten Verteidiger über die Zeitverschwendung, die der Staatsanwalt verursachte.

„Der Staatsanwalt hat viel zu tun und viele Fälle“, sagte er. „Aber er könnte sicherlich Zeit finden, zum Gericht zu kommen, um Ihren Fall weiterzuverfolgen, wenn Sie sich bereit erklären, ihn zu bezahlen. 100.000 Baht sollten reichen.“

Ich wußte von anderen Männern im Gefängnis, daß ein Staatsanwalt den Fall schneller bearbeitete, wenn man ihn bezahlte. Ich kannte Männer, die zahlten und prompt alle zwei Wochen zum Gericht fuhren. Das galt nicht als Korruption, denn der Staatsanwalt versprach nicht, den Untersuchungshäftling gehen zu lassen. Er erklärte sich nur bereit, bei Gericht zu erscheinen und den Fall bevorzugt zu bearbeiten. Man bezahlte ihn also quasi, damit er einen verurteilte – schnellstmöglich.

Ein Mann, den ich kannte, stand seit acht Jahren vor Gericht. Der Staatsanwalt hatte beinahe 200 Zeugen aufgelistet. Schließlich bezahlte der Mann den Staatsanwalt, der daraufhin sofort 20 Zeugen strich. Er zahlte noch einmal, wieder wurden 20 Zeugen gestrichen. Und so weiter.

Ein schnelles Urteil bedeutete einen großen Unterschied. Der König von Thailand sprach durchschnittlich alle vier Jahre Begnadigungen aus, danach wurde die Haftstrafe zur Bewährung ausgesetzt. Gefangene wie ich konnten von der Amnestie aber nur profitieren, wenn sie bereits verurteilt waren. Aber wir wußten nie genau, wann der König eine Amnestie aussprechen würde.

Ein Gefangener, den ich kannte, wurde 1991 verhaftet. In diesem Jahr gab es eine Amnestie, aber er verpaßte sie. Es gab weitere Amnestien in den Jahren 1993, 1995 und wiederum eine 1999. Aber er verpaßte alle. Wenn sein Fall schnell abgeschlossen worden wäre, dann hätte sich seine Haftstrafe von 100 Jahren auf rund vier Jahre reduziert. Einen Staatsanwalt zu bestechen war daher nicht so dumm, wie das vielleicht auf den ersten Blick aussah.

Ich hatte das Geld nicht, und selbst wenn, hätte ich den Staatsanwalt wohl nicht bezahlt. O'Connor war tot, es gab keinen Augenzeugen mehr. Dennoch weigerte sich die Anklage, den Fall zu schließen, und O'Connors Sterbeurkunde anzuerkennen.

Ich entschloß mich schließlich, an den Präsidenten des Gerichts von Chonburi zu schreiben und mich bei ihm zu beschweren.

Ich schrieb, der Staatsanwalt hielte mich seit Jahren gefangen, indem er darauf bestand, mit einem Fall fortzufahren, den er nicht gewinnen konnte. Ich schrieb, der Staatsanwalt habe keine Beweise und keine Zeugen. Bislang hatte er gegen mich nichts in der Hand.

Der Brief schien eine gute Idee zu sein. Was mich anbelangte, so spielte der Staatsanwalt mit meinem Leben, und nun wollte er Geld, damit er zum Gericht kam und seinen Job erledigte.

Ich bat den Präsidenten des Gerichts darum, daß er den Staatsanwalt anwies, meinen Fall zu bearbeiten. Wenn er plausible Beweise vorlegen oder Zeugen aufrufen konnte, dann sollte er das tun oder mich gehen lassen.

Als ich das nächste Mal bei Gericht war, kam der Staatsanwalt auf mich zu.

„Warum bringen Sie mich in Schwierigkeiten?“ fragte er.

„Ich versuche, Ihnen zu helfen.“

Als der Richter kam, sagte er mir, wenn ich in der Zukunft ein Problem habe, könne ich mich an ihn wenden. Er sagte, es bestehe kein Grund, an den Präsidenten des Gerichts zu schreiben.

Mein Anwalt sagte, es sei eine gute Idee gewesen, aber ich sollte das nicht noch einmal tun. Wenn doch, dann würde ich den Richter und den Staatsanwalt gegen mich aufbringen.

Bei diesem Termin legte der Staatsanwalt mein Geständnis vor, das ich auf dem Polizeirevier zwangsweise unterschreiben mußte. Er las es im Gerichtssaal nicht vor, er fragte nicht, ob die Unterschrift von mir stammte. Er überreichte es einfach dem Richter und sagte, der Angeklagte habe auf dem Polizeirevier alles gestanden.

Wie immer, saß mein Verteidiger nur mit geschlossenem Mund da und legte keinen Einspruch ein. Dann stand der Richter auf und ging aus der Tür, der Staatsanwalt hinterher.

Ich wurde ins Gefängnis zurückgebracht.

Sechs Wochen später war ich wieder bei Gericht. Dasselbe Procedere erwartete mich.

Dieses Mal rief der Staatsanwalt einen Polizeibeamten auf. Der bezeugte, daß die Polizei wegen ihrer erstaunlichen Klugheit einen Mordfall aufdeckte, den Mörder verhaftete, die Tatwaffe fand, und der Täter geständig war – all das in weniger als zwei Stunden.

Damit war der Fall erledigt, und ich wurde nach Chonburi zurückgeschickt.

Wochen später erfuhr ich, daß drei weitere Polizisten vor einem Gericht in Bangkok ausgesagt hatten, mir war nicht erlaubt worden, an der Verhandlung teilzunehmen. Mein Verteidiger war aber dabei. Er sagte mir, nichts von Belang sei erörtert worden.

„Keine Sorge“, sagte er. Also machte ich mir Sorgen.

Nun mußte nur noch der Staatsanwalt sein Plädoyer halten, und danach war die Verteidigung an der Reihe.

Es hatte knapp drei Jahre gedauert, sieben Zeugen aufzurufen, und ich war 30 Mal bei Gericht gewesen, denn die Zeugen oder der Staatsanwalt erschienen nicht. Durchschnittlich dauerte ein Termin etwa zehn Minuten. Das bedeutete, daß ich in drei Jahren nur fünf Stunden vor Gericht stand.

Wie man sich nun vorstellen kann, gab es gar keine Plädoyers in Gerichtsverfahren. Der Staatsanwalt stand einfach auf, ging zum Richter und übergab ihm O'Connors Zeugenaussage.

Er las sie nicht vor und zeigte sie nicht. Als der Richter die Aussage in Empfang nahm, sagte der Staatsanwalt: „Ach so, der Zeuge ist jetzt tot, Euer Ehren.“

Zu diesem Zeitpunkt war O'Connor über zwei Jahre tot und hätte von der Zeugenliste gestrichen werden müssen. Jetzt verstand ich, weshalb der Staatsanwalt die Sterbeurkunde nicht anerkennen wollte.

Wenn er nicht zugab, daß O'Connor tot war, konnte er immer noch dessen schriftliche Aussage verwenden.

Als ich sah, wie der Richter die Aussage in Empfang nahm, sprang ich wenige Sekunden später auf und wies darauf hin, es sei illegal, O'Connors Aussage zu verwenden. Niemand konnte die Unterschrift verifizieren. Ein Polizist hätte unterschreiben können. Selbst der Staatsanwalt hätte das machen können. Er war sicherlich hinterhältig genug.

Während ich mit meinem Verteidiger stritt, standen der Richter und Staatsanwalt auf und gingen.

„Sie sollten keine Szene im Gerichtssaal machen!“ rief mein Anwalt. „Es sieht so aus, als ob Sie keine Manieren hätten und keinen Respekt vor dem Richter.“

„Vor Gericht zu stehen ist eine Sache“, brüllte ich zurück, „aber hier zu sitzen und verarscht zu werden, eine ganz andere!“

Um mich zu beruhigen, willigte er schließlich ein, mit dem Richter zu sprechen. Auch wenn der Richter bereits wüßte, daß O’Connors angebliche Aussage nicht als Beweis anerkannt werden konnte.

So sah das für mich nicht aus. Der Richter hatte die Aussage ohne weitere Worte angenommen, aber es gab nicht viel, das ich unternehmen konnte.

Nach Jahren der Warterei kam endlich der Tag, an dem ich aussagen durfte. Ich freute mich darauf, die Dinge richtig zu stellen. Ich erlaubte mir, darauf zu hoffen, daß ich freigelassen werden würde.

Allerdings freute ich mich nicht auf das Kreuzverhör des Staatsanwalts, weil ich wußte, er würde versuchen, mich hereinzulegen. Einige Fragen kann man nicht mit einem einfachen „ja“ oder „nein“ beantworten.

Aber ich hätte mir keine Gedanken machen müssen. Der Staatsanwalt erschien nicht. Ich konnte das nicht fassen. Er hatte alles versucht, damit ich verurteilt wurde, und nun, da er die Gelegenheit hatte, mich in die Mangel zu nehmen, wollte er mir keine einzige Frage stellen. Wie war das nur möglich?

Mein Verteidiger sagte, ich sollte mir keine Sorgen machen. Er sagte, das sei in Thailand normal.

Der Richter schien sich auch nicht zu wundern. Er betrat den Gerichtssaal, setzte sich wie immer hin und eröffnete die Verhandlung ohne mit der Wimper zu zucken.

Es gab keinen Dolmetscher bei Gericht. Das hatte sie vorher nie gestört, denn jeder aufgerufene Zeuge war Thai, und der Richter konnte alles verstehen.

Aber nun, da ich aussagte, konnte ich nicht allzu viel auf Thai sagen. Zum Glück befand sich im Gericht eine thailändische Journalistin, die Englisch sprach. Sie wurde darum gebeten zu übersetzen.

Mein Verteidiger bat mich darum zu erklären, was passiert war: der ursprüngliche Diebstahl, das Versagen der Polizei, O'Connor zu verhaften, das Treffen, wie O'Connor mich angriff und wie wir übereinkamen, daß er das Geld in Bangkok zurückzahlt.

Die nächste Frage lautete: „Was ist in Bangkok passiert?"

Mein Anwalt übersprang die gesamte Fahrt mit Holdsworth und O'Connor. Er erwähnte keinen Kampf und keinen Mord – das war seltsam, wenn man bedachte, daß ich deshalb aussagen wollte.

Ich fuhr fort mit meinen Ausführungen, wie die Polizei in O'Connors Apartment gekommen war und mich wegen Hausfriedensbruchs verhaftete, was ich gesagt hatte und dann O'Connor anstatt meiner festgenommen wurde, daß ich mit aufs Polizeirevier kam, um Strafanzeige gegen O'Connor zu erstatten, und – 14 Stunden nach seiner Verhaftung – O'Connor plötzlich behauptete, ich hätte seinen Leibwächter getötet.

Ich erzählte, wie ich in Bangkok von der Touristenpolizei geschlagen und gefoltert wurde, bis ich mich bereit erklärte, ein Geständnis zu unterschreiben, das sie vorbereitet hatten.

Der Richter saß einfach da, lächelte manchmal, sah aber gelangweilt aus. Er mußte Geschichten wie diese jeden Tag gehört haben.

Es war normal, daß die Polizei Verdächtige schlug und folterte. Ich war nicht der erste und würde nicht der letzte sein.

Ich wurde nie gefragt, ob ich Holdsworth umgebracht hatte. Ich wurde nicht einmal gefragt, ob ich ihn gekannt hatte. Ich war bereit zu bezeugen, wie ich dazu gezwungen wurde, mich gegen einen Mann zu verteidigen, der mich mit einem Messer angriff, aber ich wurde nie gefragt.

Ich konfrontierte meinen Anwalt damit während der Mittagspause.

„Bei einem Strafverfahren geht es um Beweise“, sagte er. „Der Staatsanwalt konnte Sie nicht mit dem Tatort in Verbindung bringen. Wenn Sie bezeugt hätten, dort in eine Schlägerei verwickelt gewesen zu sein, dann hätten Sie den Job des Staatsanwalts übernommen. Der Staatsanwalt erschien nicht, weil er weiß, daß er keinen Fall hat. Keine Sorge“, sagte er. „Wir gewinnen den Fall zu 100 Prozent.“

Ich wollte einige Zeugen der Verteidigung aufrufen – die Brüder meiner Frau, die dabei waren, als ich angegriffen wurde, einen jungen Fachbereichsleiter, den ich vom Polizeirevier aus angerufen hatte, und einige andere Zeugen, die für mich aussagen konnten. Aber mein Anwalt sagte, der Fachbereichsleiter genüge.

Er wurde aufgerufen und bezeugte, daß ich ihn angerufen hatte und sagte, was geschehen war, und daß ich sagte, am nächsten Tag nicht zur Arbeit erscheinen zu können. Da es keinen Staatsanwalt gab, übernahm der Richter das Kreuzverhör, aber er hatte nicht viele Fragen.

Damit war mein Gerichtsverfahren beendet. Mir wurde gesagt, ich würde innerhalb von 45 Tagen zur Urteilsverkündung zum Gericht gebracht werden. Ich erwartete, dann freigelassen zu werden.

Das war es. 45 Tage, und ich würde nach Hause fahren. Es waren lange 45 Tage im Chonburi-Gefängnis, aber allein der Gedanke versetzte mich in Hochstimmung.

Am fraglichen Tag wurde ich zum Gericht gebracht. Ich kann mich daran erinnern, sehr gespannt gewesen zu sein, aber auch wahnsinnig nervös.

Meine Gedanken rasten. Im schlimmsten Fall – wenn ich für schuldig befunden wurde, wieviel würden sie mir geben? Das höchste der Gefühle war Totschlag, und der hatte aus Notwehr stattgefunden. Das waren ganz sicher mildernde Umstände. Sie konnten mir nicht mehr als ein paar Jahre geben, oder? Sie konnten mir nicht mehr geben, als ich bereits abgesessen hatte.

Als ich in den Gerichtssaal kam, war er leer. Kein Verteidiger, kein Staatsanwalt, keine Polizei.

Niemand – nur ein Journalist, ein Wachmann und ich.

Ein Richter, den ich nie zuvor gesehen hatte, kam herein, setzte sich, bemerkte, daß ich ein Ausländer war, und sagte etwas auf Thai. Der Journalist sagte mir später, was es war.

„Oh, er ist ein Ausländer“, hatte der Richter gesagt. „Er versteht kein Thai, also gibt es keinen Grund, etwas zu erklären.“

Dann, auf Englisch, sagte er: „Für schuldig befunden... 20 Jahre Haft, reduziert um ein Drittel, denn der Angeklagte legte auf dem Polizeirevier ein Geständnis ab... Es verbleiben 13 Jahre und vier Monate... Sie können gehen.“

Damit stand der Richter auf, machte auf dem Absatz kehrt und verschwand. Ich war sprachlos. Die Welt brach um mich herum zusammen.

Mein Verteidiger tauchte später am Nachmittag auf. Er kannte das Urteil und die Höhe der Strafe. Ich glaube, er wußte von dem Urteil, bevor ich davon erfuhr, deshalb war er nicht im Gerichtssaal erschienen.

Ich gebärdete mich wie verrückt. Ich brach zusammen. Ich schrie und brüllte. Ich war wütend.

Es interessierte ihn nicht. Er zuckte nur mit den Schultern und sagte: „Keine Sorge, wir können Berufung einlegen.“

„Berufung?“ brüllte ich. „Ich sollte keine verdammte Berufung brauchen! Wenn Sie Ihren Job richtig gemacht hätten, wäre es unmöglich gewesen, mich zu verurteilen! Sie haben den Staatsanwalt machen lassen, was er wollte! Sie haben niemals etwas gesagt! Ist es ein Wunder, daß ich verloren habe? Ich habe drei Jahre lang den Mund gehalten, weil Sie immer sagten, Sie wüßten, was Sie tun! Du bist gefeuert, du nichtsnutziges, blödes Arschloch!“

Um ehrlich zu sein, ich regte mich mehr über mich selbst auf als über ihn. Ich hätte etwas unternehmen sollen. Ich hätte aufstehen und selbst Einspruch gegen die Ausführungen der Staatsanwaltschaft einlegen sollen, aber ich hatte ihm vertraut. Ich hätte mir in den Arsch beißen können, weil ich das nicht getan hatte.

Als ich an diesem Abend ins Gefängnis zurückgebracht wurde, setzte ich mich umgehend mit der thailändischen Rechtsanwaltskammer in Verbindung und bat darum, mir einen Strafverteidiger zu empfehlen. Sie schickten eine Namensliste, und ich entschied ich mich für einen Dr. jur.

Zu diesem Zeitpunkt war ich völlig verzweifelt, und schwor, das Urteil in jeder erdenklichen Art und Weise anzufechten. Was hatte ich zu verlieren?

Ich begann, mich weniger hilflos zu fühlen, während ich den Fall vorbereitete. Es gab immer eine Chance, diesen schrecklichen Fehler zu korrigieren und freizukommen.

Anstatt darauf zu warten, daß sich die Anwälte mit dem Fall beschäftigten, schrieb ich alle Punkte auf, von denen ich annahm, sie müßten in die Berufungsbegründung aufgenommen werden. Dann ließ ich den Text professionell auf Thai übersetzen.

Laut Thai-Gerichtsbarkeit hätten immer drei Richter während der Verhandlung anwesend sein müssen. Während meines Verfahrens war aber immer nur ein Richter da – und nicht immer derselbe. Ich glaubte, das sei gesetzeswidrig.

Kein Dolmetscher war während meiner Verhandlungstermine anwesend – auch das war illegal.

Ich glaubte, der Richter habe gesetzeswidrig gehandelt, als er mich ins Kreuzverhör nahm und so die Rolle von Staatsanwalt und Richter in einer Person übernahm. Allein deshalb war der Prozeß fehlerhaft geführt worden.

Ich erklärte auch, daß dem Gericht keine Mordwaffe übergeben worden war. Der Staatsanwalt hatte nur eine Fotokopie eines Messers überreicht und nie bewiesen, daß es sich dabei um die Tatwaffe handelte.

Ich führte aus, daß O'Connors vermeintliche Aussage nicht hätte als Beweis anerkannt werden dürfen. Selbst der Name „O'Connor" war ein Alias. Es war illegal, vor Gericht ein Pseudonym zu benutzen. Die Staatsanwaltschaft kannte nicht einmal seinen richtigen Namen, der Mitchel Heath lautete.

Und seine Aussage war noch nicht einmal ein Augenzeugenbericht, wie ich herausfand. In der Aussage hieß es, ich habe O'Connor erzählt, ich hätte seinen Leibwächter getötet – reines Hörensagen. Und da O'Connor starb, bevor der Prozeß gegen mich begann, konnte das Schriftstück nicht als Beweis gegen mich verwendet werden.

Insgesamt listete ich 15 Punkte auf, die in der Berufungsbegründung ausgeführt werden sollten.

Dr. jur. erklärte sich bereit, die 15 Punkte aufzunehmen sowie diejenigen, die er selbst für relevant hielt.

Mental bereitete ich mich auf den neuen Prozeß vor.

Auch wenn er von der Rechtsanwaltskammer empfohlen worden war, vertraute ich diesem Verteidiger nicht. Da er aber nur die Berufung begründen mußte, glaubte ich nicht, daß es irgendwelche Probleme geben würde.

Natürlich irrte ich mich erneut. Am Tage des Fristablaufs, besuchte er mich. Er sagte, er habe den Schriftsatz bereits ausgefertigt und dem Gericht übergeben.

Er sagte, er glaubte nicht, ich hätte irgend etwas dagegen einzuwenden, daher hatte er sich erlaubt, den Schriftsatz einzureichen, um die Frist nicht zu verpassen, bevor er mich besuchte. Er hatte in meinem Namen unterschrieben.

Er hatte es eilig und eine Kopie der Berufungsbegründung beim zuständigen Wachmann abgegeben. Ich bekam das Dokument von ihm, sobald der Besuch vorüber war.

Nicht ein einziger Punkt meiner Ausführungen befand sich in dem Schriftsatz.

Er widersprach in keiner Weise den Ausführungen des Staatsanwalts. Er sprach nicht die Frage an, ob der Prozeß gegen mich rechtmäßig geführt worden war. Im Grunde stellte er nichts in Frage.

Ich hatte ihn gebeten zu schreiben, daß O'Connor gelogen hatte, was seinen Namen, seine Nationalität, seinen Beruf und sogar sein Geburtsdatum anbelangte. Wie konnte man so einem Menschen glauben, falls es sich bei der Aussage tatsächlich um seine handelte? Mein Anwalt hatte ausgeführt, daß O'Connor und ich Feinde waren, und daher O'Connor offensichtlich nichts sagen würde, das mir helfen konnte. Nicht wirklich dasselbe.

Die Berufungsbegründung, die er geschrieben und eingereicht hatte, wirkte wie ein Schriftstück, das von einem Schüler der Oberstufe verfaßt worden war, nicht von einem Dr. jur.

Er sagte, er würde einen Kautionsantrag für mich einreichen, aber als Dr. jur. sei es ihm nicht möglich, eine Kaution in Höhe von nur ein paar Tausend Dollar anzubieten. Er schlug vor, daß ich mich mit meiner Familie in Verbindung setzte und diese um eine Viertel Million bat.

Überflüssig zu erwähnen, daß meine Familie nicht über diese Summe Geldes verfügte, daher gab es keine Kaution. Ich war wieder genau so weit wie zuvor.

*    *    *

Knapp zwei Jahre später wurde ich zur Urteilsverkündung zum Gericht gebracht. In der thailändischen Gerichtsbarkeit studierten zwischen fünf und sieben Richter den Fall unter Ausschluß der Öffentlichkeit und kamen dann zu einer Entscheidung in der zweiten Instanz.

Das Berufungsgericht bestätigte das erstinstanzliche Urteil sowie das Strafmaß von 13 Jahren und vier Monaten.

Da die Berufungsbegründung meines letzten Anwalts schwach gewesen war, überraschte es mich nicht, daß ich verloren hatte.

In Thailand richtete sich das Berufungsgericht an Verurteilte, die sich der Gnade des Gerichts ausliefern wollten. Wer in der ersten Instanz unschuldig plädierte, bekannte sich nun schuldig und bat um eine Reduzierung der Haftstrafe. Ich fand heraus, daß nur sehr wenige Leute ihre Fälle sofort gewannen.

Für diejenigen, deren Berufung zurückgewiesen wurde oder die mit dem zweitinstanzlichen Urteil unzufrieden waren, gab es noch den *Dika Court*, den Obersten Gerichtshof. Dabei handelt es sich um das höchste Gericht in Thailand, verallgemeinernd gesagt, hatte man dort die besten Chancen auf Gerechtigkeit.

Nicht viele Leute zogen vor den Obersten Gerichtshof. Geld für die Verfahrenskosten war ein Aspekt, aber der Hauptgrund war der Zeitablauf.

Durchschnittlich dehnte sich ein Gerichtsverfahren über drei Jahre, die Berufung dauerte mindestens eineinhalb Jahre und die Revision beim Obersten Gerichtshof dauerte ein weiteres Jahr.

Wenn man seinen Fall durch alle Instanzen brachte, war man mindestens fünfeinhalb Jahre im Gefängnis, sicherlich länger.

Das ganze Justizsystem in Thailand war darauf aufgebaut, daß der Angeklagte die Anschuldigungen gestand und schuldig plädierte.

Wenn man bei der Polizei geständig war, wurde die Strafe vom Gericht um ein Drittel reduziert. Wenn man sich im Gericht schuldig bekannte, wurde die Strafe halbiert. Die meisten Gefangenen bekannten sich vor Gericht schuldig – auch Unschuldige. Das war sinnvoll, vor allem dann, wenn es um Bagatelldelikte ging. Was war besser: Als Schuldiger ein oder zwei Jahre im Gefängnis zu verbringen oder als Unschuldiger fünfeinhalb Jahre, während man versuchte, seine Unschuld zu beweisen?

Ich entschloß mich jedoch, zu bleiben und zu kämpfen, daher war ich wieder zurück im Dschungel.

In Anzug und mit Ketten bei Gericht. © Andrew Chant

# 14

Ich war in jeder erdenklichen Hinsicht total im Arsch. Es war ein Alptraum. Die Ungerechtigkeit der ganzen Angelegenheit machte mich depressiv, und Tag für Tag im Gefängnis sein zu müssen, ebenfalls.

Wenn ich jetzt zurückblicke, fällt mir auf, daß die Gefängnisleitung mit einem System von Mißgunst und Unterwerfung arbeitete. Einige der Thai-Gefangenen machte sie zu Trustys oder Blauhemden. Diese Häftlinge bekamen besseres Essen als die normalen Gefangenen und einige andere Privilegien wie eine spezielle Zelle nur für Trustys, in der sie essen und rauchen konnten – nicht so, wie der Rest von uns. Am wichtigsten aber war, daß für jedes Jahr, das sie als Blauhemden arbeiteten, ihre Strafe um drei Monate reduziert wurde.

Diese Blauhemden erwiesen den Kommandos ständig Gefälligkeiten. Sie putzten deren Schuhe, wuschen und bügelten Uniformen und kauften ihnen eine Cola, wenn sie eine haben wollten. Sie waren die Laufburschen der Wärter.

Das führte dazu, daß sie manchmal vergaßen, Gefangene wie wir zu sein, und sie kommandierten uns herum, wie es ihnen gerade paßte. Wir wußten nicht, welcher Befehl von den Wärtern stammte und welcher nicht. Sie spionierten auch Mitgefangene aus und berichteten über alles und jeden. Und natürlich versuchten sie, ständig mit allen Mitteln Geld und Zigaretten zu erpressen.

Doch ihre Hauptaufgabe bestand darin, die Kampfhunde der Wärter zu sein – und sie liebten ihre Arbeit. Wenn ein Wärter aus irgendeinem Grund über jemanden wütend war, dann setzte er seine Hunde auf einen an, und die prügelten einen halb zu Tode.

Wenn ein Wärter den Blauhemden den Befehl gab, dann töteten die Blauhemden auch, und sie machten das gerne.

Einer der anderen Ausländer, Jan aus Finnland, konnte oder wollte nicht auf Thai zählen, als die Wärter die morgendliche Zählung in jeder Zelle vornahmen. Ein paar Tage später gingen sechs oder sieben Blauhemden auf ihn im Hof los, und sie schlugen so lange auf ihn ein, bis er fast im Koma lag.

Ein anderes Mal gingen ein paar Ausländer zu früh zu den Duschen, außerhalb der vorbestimmten Zeit. Ein Wärter bekam Zustände, weil sie die Gefängnisvorschriften mißachteten. Daher setzte er seine Hunde auf sie an. Die Ausländer trugen gebrochene Nasen davon, Schädelprellungen und eingeschlagene Gesichter. Einer war sogar mit einem Löffel in den Arm gestochen worden. Es darf bezweifelt werden, daß sie auf seinen Arm zielten, daher hatte er großes Glück gehabt.

Die Wärter machten eigentlich nicht sehr viel. Jeder Kommando hatte etwa vier Blauhemden unter sich. Die Blauhemden öffneten die Zellen und schlossen uns auch wieder ein. Die Blauhemden durchsuchten uns. Die Blauhemden kontrollierten die Post. Die Blauhemden standen an den Toren in jedem Abschnitt des Gefängnisses.

Die Kommandos machten so wenig wie möglich. Sie kamen am Morgen, und ein Gefangener machte ihnen Frühstück. Nachdem sie gegessen hatten, gingen sie zu ihrer Fabrik oder in ihr Büro, wo sie von einem anderen Gefangenen massiert wurden.

Danach machten sie ein Nickerchen oder schliefen ihren Rausch vom Zechgelage der Nacht zuvor aus. Wenn sie erwachten, unterzeichneten sie ein paar Papiere und machten Mittagspause.

Überflüssig zu erwähnen, daß sie weder ihr Essen noch ihre Getränke bezahlen mußten.

Im Grunde zahlten sie überhaupt nichts. Die Gefangenen brachten ihnen alles. Jedes Büro und jede Fabrik hatte einen Fernseher für den Kommando, das stellte sicher, daß sie wirklich überhaupt nichts machten. Sie verbrachten die heißen Nachmittage damit, fern zu sehen, ihre Schicht endete um 17 Uhr.

Die Kommandos arbeiteten in der Nachtschicht im Rotationssystem. Wenn sie nachts arbeiteten, hieß das nur, daß sie im Gefängnis schliefen und nicht zu Hause. Ein Gefangener bereitete das Bett mit einem Moskitonetz und einem Ventilator vor sowie eine Thermoskanne mit heißem Wasser und Kaffee.

Viele Kommandos waren völlig betrunken, wenn sie um 17 Uhr zum Dienst erschienen. Sie torkelten herum, die Blauhemden halfen ihnen. Einige konnten von Glück sagen, daß sie noch stehen konnten, als sie die Zellen inspizierten. Vom Zählen der Gefangenen konnte keine Rede sein.

Ich habe oft Kommandos gesehen, die so betrunken waren, daß sie sich in die Hosen pißten. Ich kann mich besonders gut an einen Mann erinnern, der völlig betrunken erschien und dann aus Spaß Gefangene schlug und nach ihnen trat und meinte, sie sollten ihn respektieren, weil er ein Kommando sei. Zehn Minuten später saß er in seinem Stuhl und bepißte sich.

Bestenfalls waren die Kommandos aggressiv, aber wenn sie betrunken waren, wurden sie unberechenbar. Sie schlugen Schädel ein und brachen Arme. Viele von ihnen töteten Gefangene, wenn sie betrunken waren. Ich habe das gesehen.

Der bösartigste Kommando, mit dem ich je zu tun hatte, hieß Paibun. Er war der sadistischste Wärter in Chonburi. Ich beobachtete, wie er Häftlinge ohne Unterbrechung stundenlang schlug.

Er kroch auf dem Boden entlang, versteckt hinter der niedrigen Mauer, und sprang dann auf und an die Gitter, um

Leute beim Rauchen oder Glücksspiel in den Zellen zu erwischen.

Während der Nachtschicht trugen Kommandos Gewehre. Wenn Paibun jemanden erwischte, rief er ihn zu den Gittern, und dann wurde dem Übeltäter mit dem Gewehrkolben auf den Kopf geschlagen. Und dann mußte er sich trotzdem am nächsten Morgen für eine weitere Tracht Prügel bei ihm melden.

Sein Konkurrent, was Brutalitäten anbelangte, hieß Jessada. Ich sah, wie er eine Art Baseballschläger mit beiden Händen umklammerte und Gefangene zusammenschlug.

An einen Vorfall erinnere ich mich besonders. Ein paar burmesische Gefangene hatten in einem anderen Gefängnis einen Fluchtversuch unternommen. Am nächsten Tag ließ Jessada alle Burmesen des Gefängnisses antreten und schlug systematisch alle zusammen. Sie hatten nichts gemacht. Der Fluchtversuch hatte viele Kilometer entfernt stattgefunden, aber Jessada machte sie fertig, weil sie Burmesen waren. Er war ein sadistisches Arschloch.

In all den Jahren, die ich in diesem Rattenloch verbrachte, hörte ich unzählige Geschichten über Brutalitäten gegenüber den Gefangenen. Als mir über diese Vorkommnisse anfangs berichtet wurde, glaubte ich das nicht. Aber alles entsprach der Wahrheit.

Ich mußte feststellen, daß Gefängnisse in Thailand wie ein Geschäft geführt wurden – nicht vom thailändischen Staat, sondern von den Kommandos und dem Gefängnisdirektor. Alles war so organisiert, daß die Kommandos Geld verdienten. Ob die Häftlinge überlebten oder starben, spielte keine Rolle.

Jeder Gefangene bekam beispielsweise ein Gefängnis-Bankkonto, so daß Familie, Freunde oder die Botschaft Geld überweisen konnten, damit die Gefangenen Lebensmittel oder Gebrauchsgegenstände kaufen konnten. Daher wußten die Kommandos genau, welcher Gefangene Geld hatte und wieviel es war.

Sie kontrollierten auch den Gefängnisladen. Häftlinge mußten Coupons benutzen, um etwas im Laden zu kaufen. Die Sachen beschafften die Kommandos und schlugen 10 Prozent auf den Einkaufspreis. Lebensmittel waren 20 Prozent teurer. So etwas nennt man wohl kaum freie Marktwirtschaft.

Der ganze Ort lebte von Bestechung.

Wenn man in eine andere Zelle wollte, verlangten die Kommandos 500 Baht, um bei dem Antrag „behilflich" zu sein. Wenn man nicht in einer der Fabriken arbeiten wollte, mußte man 300 Baht pro Monat zahlen.

An einigen Stellen hatten die Kommandos Holzhütten errichten lassen, in denen man tagsüber sitzen und vor der brennenden Sonne Schutz suchen konnte. Sie „vermieteten" die Hütten für 20.000 Baht.

Wer in die Gefängnisschule wollte, mußte die Kommandos bezahlen. Ich verbrachte Monate in der Schule, um ein wenig Thai zu lernen – und zahlte alles selbst.

Ein Antrag auf Bewährung oder die Bitte um eine königliche Begnadigung sollte kostenlos sein. In Wahrheit war das nicht der Fall.

Man bekam in einem Thai-Gefängnis nichts, es sei denn, man bezahlte dafür, und die Kommandos verdienten ein Vermögen. Im Grunde glaubten sie sich im Recht, die Gefangenen um deren Geld zu betrügen.

Weihnachten oder Neujahr baten sie um ein Trinkgeld, weil sie so nette Kommandos waren. Wenn sie Geburtstag hatten, erwarteten sie ebenfalls eine kleine finanzielle Aufmerksamkeit. Ein Kommando wollte, daß ich für seine Tochter ein Geburtstagsgeschenk kaufe, weil er pleite war.

Sie war nicht meine Tochter, und ich hätte ihm am liebsten gesagt, mich am Arsch zu lecken, aber ich gab ihm das Geld. Das war sicherlich keine schlechte Idee.

Wovor wir uns allerdings am meisten fürchteten, war die Tatsache, daß sie die Macht hatten, uns in Einzelhaft zu stecken, wenn sie wollten. Es war ihnen möglich, uns als Verdächtige eines Vergehens hinzustellen: mutmaßlicher Fluchtversuch, mutmaßlicher Drogenmißbrauch, mutmaßliches Glücksspiel, mutmaßliche Körperverletzung.

Das reichte, um mindestens drei Monate in der *Soi* zu verbringen – Einzelhaft. Höchstens drei Monate schreibt das Gesetz vor, aber sie beugten das Gesetz, indem sie Gefangene einfach von einer Abteilung in die nächste verlegten. Ich kenne Männer, die über ein Jahr in Einzelhaft verbrachten, indem sie wie die Nomaden herumzogen. Jedes Mal, wenn sie verlegt wurden, verloren sie etwas von ihrem Besitz – nicht, daß wir viel gehabt hätten. Es war ein grausames Regime.

Der Kommando, der als Gebäudeaufseher agierte, genoß ultimative Machtbefugnisse. Er benotete die Gefangenen. Es gab normale Gefangene, gute Gefangene, sehr gute Gefangene und hervorragende Gefangene. Alle sechs Monate gab es ein Gespräch – aber erst nach Abschluß des Strafverfahrens.

Die Note war wichtig, denn sie hatte Einfluß auf eine mögliche Bewährung sowie auf die Reduzierung des Strafmaßes, wenn der König eine Amnestie aussprach. Wenn die Kommandos einen verdächtigten, etwas angestellt zu haben, dann konnte das die Benotung um eine Stufe verschlechtern. Wenn sie wirklich wütend waren, wurde man doppelt herabgestuft.

Das konnte den Unterschied von einem Jahr Gefängnis ausmachen. Ich merkte bald, daß es normalerweise das Beste war, den Mund zu halten und zu zahlen.

*     *     *

Viele meiner Mitgefangenen kamen wegen Drogenvergehen ins Gefängnis. Drogen gehörten dort zum Leben. Es bestand eine große Nachfrage, und sie waren das ganz große Geschäft. Bei genauer Betrachtung der Angelegenheit, darf es nicht verwundern, daß einige Leute der Realität entfliehen wollten.

Gefangene schmuggelten vielleicht ein paar Pillen oder sogar Heroin ins Gefängnis, aber über 90 Prozent der Drogen wurden von den Wachen ins Gefängnis gebracht. Die Kommandos organisierten das Heroin, vermischten es mit Glukose, Backpulver, zerkrümelten Paracetamol-Tabletten oder anderen greifbaren Dingen.

Heroin ist in Thailand normalerweise zu 98 Prozent pur, als es an die Gefangenen verkauft wurde, fiel dieser Wert auf fünf Prozent oder darunter – ein unglaublich hoher Profit für die Kommandos.

Die meisten Dealer in Chonburi waren Nigerianer, und sie überlebten, indem sie für die Kommandos Drogen verkauften. Einige von ihnen lebten gut von den Drogengeldern. Und sie hatten viele Kunden.

Die meisten Abhängigkeiten begannen, indem Gefangene ein wenig Heroin schnupften, einfach aus Spaß, oder weil sie einen besonders schlechten Tag gehabt hatten. Aber wegen des Preises war Schnupfen nicht wirtschaftlich, schließlich begannen sie, es zu spritzen. Nach ein paar Wochen waren sie abhängig. Ich habe viele Leute gesehen, die sich in Zombies verwandelten.

Nadeln teilten sie sich mit anderen Junkies. Wenn sie Glück hatten, bekamen sie nur Hepatitis C, aber die Chancen standen nicht schlecht, sich Aids einzufangen. Wer Aids hatte und unter diesen Umständen gezwungenermaßen leben mußte, machte es nicht mehr lange.

Wenn man bedachte, welche unglaubliche Quantität von Heroin im Gefängnis verkauft wurde, mußte man zwangsweise darauf schließen, daß die Drogen von den Kommandos hineingeschmuggelt wurden. Ich sah, was vor sich ging. Ich wußte, daß es niemandem möglich war, derartig viel Heroin in seiner Unterwäsche zu verstecken, wenn er vom Gericht oder einem Besuch zurückkam. Es waren die Kommandos, die schmuggelten.

Und sie wurden oft erwischt. Ich weiß von einem Kommando in Chonburi, der dabei ertappt wurde, als er Heroin ins Gefängnis brachte, aber nichts passierte ihm. Er bekam einen Schlag aufs Handgelenk und mußte Dienst auf einem Wachturm schieben. Von dort konnte er immer noch den Stoff in den Hof werfen, und ein Jahr später war er wieder zurück und ging seinen Geschäften nach wie üblich.

Was mich an den Kommandos allerdings am meisten abstieß, war, wie sie die Familien der Gefangenen mißbrauchten. Einige Ehefrauen oder Freundinnen von Häftlingen beschwerten sich häufig darüber, daß sie kein Geld hätten, die Kommandos zu bezahlen, daher sagte ein Kommando dann: „Kein Problem. Ich kümmere mich um ihn. Mach' dir keine Sorgen ums Geld. Aber wir können uns später treffen und zusammen essen gehen."

Wenn sie sich dann trafen, zwang der Bastard die Frau oder Freundin des Gefangenen zum Sex.

In den meisten Fällen hatte die Frau Angst um ihren Mann und daß ihm etwas zustoßen konnte, wenn sie sich weigerte. Wenn der Kommando die Frau einmal gehabt hatte, erpreßte er sie, so daß sie seine ständige Geliebte wurde. Keinen Respekt vor einem Gefangenen zu haben, ist eine Sache, aber dessen Frau oder Freundin so etwas anzutun, ist unmenschlich und einfach nur ekelhaft.

Wir waren angeblich Kriminelle, aber die größten Verbrecher und Gangster in Chonburi waren die Leute, die im Gefängnis arbeiteten.

Ein Gefängnis ist ein geschlossener Ort, an dem ein Verurteilter möglicherweise über die von ihm begangene Straftat nachdenkt und versucht, sich zu resozialisieren. So etwas gab es in Chonburi nicht. Es war ein Kampf jeder gegen jeden, und nur die Stärksten überlebten.

Einige Gefangene gebärdeten sich schlimmer als vor ihrer Einlieferung, andere gingen als hoffnungslose Junkies, wieder andere kamen nicht mehr lebend heraus.

In Thailand wurde man ausschließlich bestraft. Sie wollten einen bestrafen, verletzten, kontrollieren, mißbrauchen und erniedrigen – und während dieses Prozesses so viel Geld verdienen, wie nur möglich. Geld war ihr Götze, und sie betrogen, stahlen, logen und töteten dafür.

Ich glaube, die meisten Leute verschließen die Augen vor der Wahrheit, wenn sie ins Gefängnis kommen. Bei mir war es mit Sicherheit so.

Ich kann mich erinnern, daß ich mir sagte: „Das kann nicht sein“ oder „Das können sie mir nicht antun.“ Sie konnten es aber sehr wohl tun – und sie taten es.

Auch wenn ich wegen der Briefschreiberei guter Dinge war. mußte ich ständig gegen Depressionen ankämpfen, denn Chonburi war die Hölle auf Erden. Wie man erwarten kann, gab es regelmäßig Selbstmorde.

Junge Gefangene sprangen oft die vierstöckigen Treppen hinunter, um sich das Leben zu nehmen.

Die Leichen blieben dort im Blut liegen, bis die Polizei kam und Fotos machte. Dann wurden sie wie ein Sack Kartoffeln auf einen Pick-up geworfen. Anscheinend gab es keine Bahren in Thailand.

Ich sah Dutzende von Leuten, die Selbstmord begingen. Einige Gefangene schlitzten sich die Handgelenke auf und verbluteten in den Zellen. Andere tranken Rattengift oder was auch immer sie in die Hände bekamen. Ich kannte jemanden, der eine Flasche Kunstharz trank. Ich sah drei oder vier, die auf Fabrikdächer kletterten und sprangen.

Die Anzahl der Selbstmorde überraschte mich nicht. Ich war erstaunt, daß es nicht noch mehr gab.

Und ja, es gab Zeiten, da dachte ich selbst daran. Aber ich hatte vier Kinder. Ich wollte nicht, daß sie aufwuchsen und dachten, ihr Vater sei ein Feigling, der sich im Gefängnis umbrachte, weil er es dort nicht aushielt.

# 15

Während ich mich mit Selbstmordgedanken herumplagte, geschah im Oktober 2000 etwas, das eine wirkliche Bedrohung meines Lebens darstellte. Weil ich jahrelang im Dreck zugebracht und mich schlecht ernährt hatte, brach mein Immunsystem zusammen. Ich bekam Tuberkulose.

Zuerst wußte ich nicht, was ich hatte, ahnte aber, daß etwas nicht stimmte. Ich hustete und erbrach mich unkontrolliert und bekam starke Schmerzen im Brustkorb. Ich konnte mich nachts nicht hinlegen ohne stechende Schmerzen in der Brust zu bekommen. Ich nahm auch in nur wenigen Wochen zehn Kilo ab.

Meine Mutter war an einer Herzkrankheit gestorben, daher fürchtete ich, daß mich ein ähnliches Schicksal ereilen könnte.

Ich ging zum Sanitäter, der sagte, ich würde mir zu viele Sorgen machen. Er gab mir zwei Paracetamol und meinte, mir würde es bald besser gehen.

Ich wußte, daß es etwas Ernstes war, und beschrieb dem Gebäudeaufseher meine Symptome. Ich sagte ihm, wenn ich keinen Arzt sehen dürfe, würde ich wahrscheinlich in seinem Gefängnis sterben, und dann müßte er viele Formulare ausfüllen.

Zwei oder drei Wochen später wurde ich ins Chonburi Hospital gebracht. Ich war inzwischen nicht mehr bei Kräften und sehr schwach. Ich hatte ständig Schmerzen, sah unterernährt aus und konnte kaum laufen.

Man diagnostizierte einen gefährlichen Erreger von TBC.

Sie nahmen Blut ab und untersuchten den Auswurf, und das Ergebnis besagte, ich hatte Stufe drei oder chronische TBC.

Ich war erleichtert, als ich erfuhr, daß es keine Herzkrankheit war, aber TBC zu haben, war auch nicht witzig.

Ich mußte in ein anderes Krankenhaus, dort wurde die Brust durchleuchtet. Beide Lungenflügel hatten TBC, der linke weitaus schlimmer. Die Gefängnisleitung bestand darauf, daß ich eine weitere Speichelprobe abgab, nur um sicher zu gehen. Man sollte das gleich am frühen Morgen erledigen, bevor man sich die Zähne putzt oder irgend etwas trinkt, daher war ich um 6.30 Uhr im Büro.

Ich mußte bis zehn oder elf Uhr warten, bis mich der Sanitäter für den Test aufrief. Das Ergebnis war dasselbe, Stufe drei, aber der Sanitäter glaubte mir nicht.

„Ausländer bekommen keine TBC!“ sagte er. „Du hast die Spucke von einem anderen in den Mund genommen, bevor du die Probe abgegeben hast.“

Das war ziemlich unwahrscheinlich, aber er wollte nicht wahrhaben, daß ich ihn nicht austrickste, und weigerte sich, mir Medikamente zu geben.

Ich hatte die Nase voll und schrieb an die irische Botschaft in Kuala Lumpur. Ich erklärte, wie ernst die Situation sei und meinte, wenn sie nichts unternahmen, würde ich sterben.

Die Wochen vergingen, und mein Zustand verschlechterte sich zusehends. Im Januar 2001 begann ich, Blut zu husten, und das war nicht wenig.

Die Botschaft wandte sich schriftlich an das Gefängnis.

„Die Botschaft wurde darüber informiert, daß Colin Martin an TBC erkrankt ist, und Sie werden ihm die entsprechenden Medikamente geben, bis die Botschaft dafür gesorgt hat, daß er in das Krankenhaus im Lad-Yao-Gefängnis in Bangkok verlegt wurde.“

Inzwischen hatte ich 25 Kilo abgenommen und bestand praktisch nur noch aus Haut und Knochen. Aber der Brief zeigte Wirkung.

Am 2. Februar wurde ich mit einem Minibus vom Chonburi-Gefängnis nach Lad Yao gebracht. Wir waren zu viert – drei Thais kamen nach Chiang Mai, und ich nach Lad Yao in Bangkok. Begleitet wurden wir von vier Kommandos mit Uzi-Maschinenpistolen. Sie wollten uns wohl im Falle eines Fluchtversuches erschießen.

Was für ein Witz! Sie legten uns in Ketten. Selbst wenn wir versucht hätten zu fliehen, wären wir nicht weit gekommen.

Am Freitag morgen gegen acht Uhr kam ich in Lad Yao an. Es lag Mauer an Mauer neben zwei anderen Gefängnissen: Bombat, in dem nur Drogendealer saßen, und Bangkoks Frauengefängnis.

Lad Yao war groß, dort befanden sich insgesamt 9000 Häftlinge. Ursprünglich war es von den Japanern im 2. Weltkrieg als Konzentrationslager gebaut worden. Später wurde es etwas umgebaut, aber die ursprünglichen Bauten standen noch. Es vermittelte eine trostlose und düstere Atmosphäre.

Als ich in den Krankentrakt gebracht wurde, erfuhr ich, daß ein Arzt nicht vor Montag da sein würde, daher wurde ich in das Hauptgefängnis geschickt.

In Lad Yao gab es 14 verschiedene Abteilungen. Falls man in eine Abteilung kam, konnte man nur heraus, wenn man einen Krankenhaus- oder Besuchstermin hatte. Wer weiter hinten im Monster steckte, saß in der Falle.

Ich fand heraus, daß verschiedene Gruppen von Häftlingen in unterschiedlichen Gebäuden lebten. Beispielsweise war Gebäude Eins für Katoeys bestimmt, Gebäude Zwei für Drogenhändler und Querulanten, Gebäude Drei für psychisch kranke und Körperbehinderte usw.

Da ich Ausländer war, und demnach ein potentieller Querulant, wurde ich in Gebäude Zwei geschickt. Dort wollten sie mich aber wegen meiner TBC nicht haben. Ich galt als zu gefährlich. In Gebäude Eins gab es auch Probleme. Sie sagten, ich müßte meinen Schnauzbart abrasieren, bevor sie mich hineinließen. Ich weigerte mich. Schließlich kam ich in Gebäude Drei, in dem die psychisch kranken Patienten untergebracht waren, aber das spielte für mich keine Rolle. Ich war einfach nur froh, meine Taschen und Decken abstellen zu können.

Über das Wochenende blieb ich in dem Gebäude, und wurde dann am Montag ins Krankenhaus gebracht. Sie bestätigten, daß ich TBC hatte, mein linker Lungenflügel war sehr angegriffen. Sie machten mehrere Röntgenaufnahmen, auf denen zu sehen war, wo Narben entstanden waren, weil das Gewebe gerissen war.

Am Freitag morgen wurde ich ins Krankenhaus verlegt. Es war das erste Mal seit dreieinhalb Jahren, daß ich ein Bett sah – aber meine Freude währte nicht lange. Bald fand ich heraus, was an diesem Ort vor sich ging.

Jeder mußte einen Schlafanzug tragen. Ich bekam einen, der einmal weiß gewesen war, aber inzwischen war davon nichts mehr zu sehen. Er war zerrissen und mit Blutflecken oder Erbrochenem bedeckt, und an den Hosen waren auch Flecken, da hatten sich Patienten offensichtlich erleichtert.

Die Bettwäsche sah auch nicht besser aus, nur Gott weiß, was das für Flecken waren. Ich fand später heraus, daß weiße und saubere Bettwäsche in Schränken lag – aber die wurde für Besucher oder Kontrolleure aufgehoben.

Ich kam auf eine Station, die für Patienten mit Aids und TBC vorgesehen war. Von den 27 Patienten hatten die meisten beide Krankheiten.

Es war entsetzlich.

Ich hatte vielleicht Hoffnung auf Heilung meiner TBC, die anderen nicht. Aids zerstörte ihr Immunsystem und die TBC zerstörte langsam ihre Lungen.

Normalerweise wird TBC mit 13 Tabletten und einigen Vitamin- und Proteinpillen behandelt. Das Krankenhaus gab den Aidskranken überhaupt keine Medikamente, denn sie starben sowieso. Es war grauenvoll.

Ich werde nie vergessen, was ich im Lad-Yao-Krankenhaus sah. Das Personal interessierte sich nicht für Hygiene, und noch weniger Aufmerksamkeit wurde den Patienten geschenkt. Niemand wurde mit einem Hauch von Respekt behandelt. Jeden Tag starben dort Menschen ohne Würde.

In dem Krankenhausflügel befanden sich insgesamt 60 Patienten mit TBC. Wir mußten uns jeden Morgen in eine Reihe stellen, um die Medikamente zu bekommen. Der Krankenpfleger tauchte einen Becher in einen Eimer mit Wasser und teilte die Tabletten aus – aber er benutzte denselben Becher für jeden Patienten. Überflüssig zu erwähnen, daß ich mir das nicht gefallen ließ.

Ich wollte auch nicht essen, was sie servierten. Es kam aus dem Aids-Gebäude und wurde von Aids-Patienten zubereitet. Es sah besser aus als der Schweinefraß in Chonburi, immerhin. Es gab weißen Reis, zumindest das. Aber ich konnte trotzdem nicht essen.

Ich fragte mich, was passierte, wenn sich einer der Aids-Patienten schnitt?

Die Krankenhausstationen waren mit Trustys besetzt oder mit Patienten, die sich von ihrer Krankheit erholt hatten und als Krankenwärter blieben. Die Krankenpfleger machten nichts. Sie waren wie die Kommandos in Chonburi. Sie verbrachten den Tag damit, Hühner, Enten, Frösche und Fische hinter der Station zu züchten, um sie an die Häftlinge zu verkaufen. Sie brachten den Patienten kaum Aufmerksamkeit entgegen.

Die Trustys und Krankenwärter machten fast alles. Sie empfingen Patienten, nahmen ihnen Blut ab, verteilten Medikamente und wechselten den Tropf. Unter deren Kommando fanden Patienten bald heraus, daß Krankheit ein kleineres Problem darstellte.

So stahlen die Krankenwärter Schmerztabletten und Valium, das den schwer kranken Patienten verschrieben worden war. Das wurde mit einem guten Gewinn an Häftlinge verkauft, die daran interessiert waren.

Oben gab es zwei Etagen, die für die Patienten bestimmt waren, die noch laufen konnten, während das Erdgeschoß für die Todgeweihten und Bettlägerigen reserviert war. Es gab auch eine Leichenhalle – dort lagerten einige der Krankenwärter Lebensmittel, um sie frisch zu halten.

Wie in jeder thailändischen Strafanstalt, so war auch hier immer die Gefahr von Gewalt präsent. In diesem Fall wurden die bettlägerigen Patienten von den Krankenwärtern erbarmungslos schikaniert.

In späteren Stadien von Aids verlieren die Patienten die Kontrolle über ihre Körperfunktionen und beschmutzen sich oft. Die Krankenwärter hatten die Aufgabe, sie sauber zu machen, aber lieber schlugen sie Patienten zusammen, zerrten sie aus dem Bett und über den Boden – oder zwangen sie zu kriechen, um sich im Badezimmer selbst zu waschen.

Wer zu schwach war, um zu laufen, weil der Tod nahe war, wurde angebrüllt und in die Ecke gestellt, und dann mit einem Wasserschlauch abgespritzt. Es war schrecklich.

Ich sah Patienten mit Hirnhautentzündung, auch sie verloren die Kontrolle über ihre Körperfunktionen. Sie stöhnten und schrieen vor Schmerzen. Die Krankenwärter schlugen sie oft, weil sie laut waren. Sie haßten die Patienten.

Es macht mich krank, wenn ich mich daran erinnere, daß die Krankenwärter darauf wetteten, wann ein Patient sterben würde.

Je länger ich blieb, um so schlimmer wurde es. Einige der chronisch kranken Patienten flehten mich an, damit ich ihnen half. Sie fürchteten, im Schlaf getötet zu werden. Zuerst dachte ich, sie seien verrückt, aber bald fand ich heraus, daß diese Gefahr tatsächlich bestand.

Drei Tage war ich dort, drei Patienten waren in der Nacht gestorben. Ich glaube, sie wurden ermordet. Ein Krankenwärter sagte mir, Mord sei nichts Besonderes, wenn er die Dinge beschleunigte.

Die Morde wurden nie aufgedeckt, denn die Krankenwärter bedrohten und folterten die anderen Patienten, so daß sie nicht wagten, etwas zu sagen.

Es gab nichts, das ich tun konnte. Wenn man bettlägerig ist oder ernsthaft krank, dann war man der Gnade der Krankenwärter ausgeliefert. Und ich war dem Tode nahe.

Eigentlich sollte ich drei Monate im Krankenhaus bleiben, aber nach drei Tagen hatte ich genug gesehen. Ich hatte Angst um mein Leben. Am dritten Tag ging ich zu einem Arzt und beantragte meine Verlegung. Ich wollte einfach heraus.

Schließlich stimmte er zu, aber er sagte, ich müsse die ganze Zeit eine Atemmaske tragen. Das kümmerte mich nicht. Wenn ich einem Raumanzug hätte anziehen müssen, um verlegt zu werden, hätte ich auch das getan.

Ich wurde in eine Zelle im Hauptgefängnis zurückgebracht, die mit TBC-Kranken gefüllt war. Wie im Krankenhaus, gab es auch hier Männer, die sowohl Aids als auch TBC hatten, sowie Gefangene, die nur an TBC erkrankt waren.

Für eine Genesungs- oder Behandlungszelle war der Raum zu unhygienisch und stank. Es war dreckig, die Wände waren mit Graffitis beschmiert. Der Putz war rissig und bröselte ab. Einige zerfetzte Laken lagen auf dem blanken Betonboden.

Wenn man die Graffitis las, wurde offensichtlich, daß die Zelle 25 Jahre nicht gestrichen worden war. Geld für

Reparatur- oder Renovierungsarbeiten hatten die Kommandos gestohlen – wie überall.

John Mulcahy in Dublin setzte sich weiterhin für meine Freilassung ein. Wir schrieben uns jede Woche. Er machte meine Lage immer wieder publik, und ich glaube, er hatte auch eine Rolle gespielt, als die irische Botschaft den Brief an das Gefängnis schrieb mit der Aufforderung, mich nach Lad Yao zu verlegen.

In einem meiner vielen Briefe beschrieb ich ihm die sogenannte Genesungszelle. Ich bat John um etwas Geld aus meinem Fond, damit ich die Zelle renovieren konnte.

Es war keine Frage, ob ich das wollte, ich mußte. In der TBC-Zelle würde ich mindestens sechs Monate bleiben. Es wäre unmöglich gewesen, unter diesen Umständen gesund zu werden.

John schickte das Geld, und ich bestach einen Kommando, damit er ein paar Liter Desinfektionsmittel kaufte. Zusammen mit den anderen Patienten schrubbte ich die Wände, den Boden und die Toilette.

Dann kaufte ich Sand und Zement, um die Wände zu renovieren. Zwei Tage später kaufte ich Farbe und Pinsel, und wir strichen die gesamte Zelle. Ich kaufte auch neue Decken für den Boden und bezahlte, damit die Toilette repariert wurde.

Als wir fertig waren, sah das Zimmer wie ein Krankenzimmer in einem Hospital aus. Den weniger Privilegierten zu helfen, gab mir neuen Lebenswillen.

Man mag sich wundern, wie ich die Materialen bekam, um die Zelle im Gefängnis zu renovieren. Das war einfach.

Die Kommandos reichten einen Antrag mit den benötigen Materialien bei der Gefängnisbehörde ein, die Behörde überwies das Geld. Die Kommandos kauften, was benötigt wurde, und legten mir dann die Rechnung vor. Sie konnten Zellen jederzeit renovieren, indem sie das Geld entsprechend beantragten – aber da gab es keinen Gewinn für sie. Statt dessen warteten sie ab, bis sie Geld verdienen konnten.

Als alles fertig war, hatte ich das Gefühl, in einem Hotel zu wohnen. Es hatte viel Geld gekostet, aber mir blieb kaum eine andere Wahl.

Nach sechs Monaten hatte ich immer noch TBC, Stufe eins. Der Arzt sagte, ich müßte zur weiteren Behandlung wieder ins Krankenhaus und täglich eine Spritze mit starken Antibiotika namens Streptomycin erhalten.

Als ich in sein Büro gerufen wurde, und er mir sagte, ich müsse zurück ins Krankenhaus, weigerte ich mich.

Ich sagte dem Gebäudeaufseher, daß ich bereits gesehen hatte, was sich im Krankenhaus abspielte. Ich sagte, er könne mich in Einzelhaft nehmen, wenn er wollte, aber ich würde nicht ins Krankenhaus zurückgehen. Wenn er mich dorthin schickte, sagte ich, würde ich ihn wegen Mordversuchs anzeigen.

Er sprach mit dem Arzt, und die beiden kamen überein, daß ich jeden Tag zum Krankenhaus gehen konnte.

Daher ging ich die nächsten 60 Tage dorthin, um die Spitzen zu bekommen. Das waren 60 Injektionen in 60 Tagen.

Die Spritze bekam ich in die rechte Pobacke, und am nächsten Tag in die linke. Die Spritzen waren sehr schmerzhaft. Sie erinnerten an Tetanusimpfungen und gingen direkt in den Knochen, sie lösten Muskelkrämpfe und Spasmen aus. Daher wurden die Patienten normalerweise ins Krankenhaus verlegt. Die meisten Leute wollten nach einer derartigen Spritze nicht laufen, aber das kümmerte mich nicht. Was mich betraf, so würde es mir im Krankenhaus genauso schlecht gehen wie außerhalb.

Gespritzt wurde von einem Gefangenen, der im Krankenhaus arbeitete. Ich sah nie einen Krankenpfleger oder gar einen Arzt.

Manchmal sagte der Typ: „Vielleicht tut es heute etwas weh.“

Diese Kommentare verwunderten mich, irgendwie klang das merkwürdig.

Eine Woche später fand ich heraus, daß er die Nadeln mehrfach benutzte, und die neuen an Junkies für 250 Baht pro Stück verkaufte.

Glücklicherweise brauchte ich nach den 60 Injektionen keine größere Behandlung mehr. Zwar hatte ich immer noch TBC, aber mir wurde gesagt, sie würde von selbst heilen. Ich mußte noch 15 oder 20 Tabletten jeden Morgen zum Frühstück einnehmen, aber ich war froh, daß ich keine Spritzen mehr brauchte.

Das nächste Problem, das ich angehen mußte, war mein Gewicht. Ich hatte über 25 Kilo abgenommen, und ich mußte ein paar Pfund zulegen, wenn ich wieder richtig gesund werden wollte.

Es fiel mir zu dieser Zeit immer noch schwer, etwas zu essen. Zwar fühlte ich mich hungrig, aber sobald ich das Essen roch, wollte ich nichts mehr. Ich mußte mir die Nase zuhalten, um ein paar Löffel Suppe oder etwas anderes herunterzuwürgen. Ich saß den Tränen nahe da und zwang mich, noch einen Löffel Suppe zu essen.

Ich kaufte Babybrei, der war einfach zu schlucken und voller Vitamine und Mineralien. Ich kaufte das Zeug tonnenweise. Anstatt drei große Mahlzeiten pro Tag zu mir zu nehmen, aß ich sechs oder sieben kleine. Es funktionierte, und mein Gewicht stieg auf 60 Kilo.

Zunehmen ist in einem thailändischen Gefängnis keine billige Angelegenheit, aber ich bekam Care-Pakete von Leuten aus Irland, die über mein Schicksal in der Zeitung gelesen hatten.

Die Lebensmittel, die mir geschickt wurden, halfen mir beim Zunehmen.

Auch wenn ich nach wie vor krank war, fühlte ich mich besser. Ich hatte akzeptiert, was geschehen war und lernte, mit der Situation umzugehen. Ich wurde nicht mehr wütend und begann, mich ins System einzufügen. Die Änderung meiner Einstellung zu den Dingen fiel mit einem Besuch von John Mulcahy zusammen.

Ich begrüßte ihn wie einen verlorenen Freund. Mehr als alle anderen hatte er mich aufgebaut. Ich war zuversichtlich, daß etwas Positives geschehen würde, auch wenn ich nicht sicher war, was das sein konnte.

Es dauerte eineinhalb Jahre, bis die TBC abgeheilt war, und dann ein weiteres Jahr, damit ich auf ein Normalmaß zunahm. Wenn mir der Sanitäter im Gefängnis von Chonburi von Anfang an die richtigen Medikamente gegeben hätte, dann wäre ich vermutlich nach drei Monaten wieder gesund gewesen.

# 16

Zwar war Lad Yao weniger streng als das Gefängnis von Chonburi, die Kommandos waren aber trotzdem brutal und gefährlich. Es gefiel ihnen, die Gefangenen zu quälen und zu erniedrigen, und sie beteiligten sich oft an Gewalttätigkeiten, Vergewaltigungen, sie töteten sogar.

Die Kommandos waren kriminelle und mordende Barbaren. Sie haßten Häftlinge und versäumten nie eine Gelegenheit, Strafen zu verabreichen. Wie in Chonburi, so standen unter ihrem Kommando die Blauhemden. Das führte dazu, daß die Gefangenen in ständiger Gefahr schwebten.

Ich kann mich gut an einen Vorfall erinnern, der sich kurz nach meiner Verlegung dorthin zutrug. Zu dieser Zeit wurde ich immer noch wegen Tuberkulose behandelt.

Einer der Wärter sagte mir, jemand von der irischen Botschaft sei gekommen. Das war nichts Ungewöhnliches. Ich verließ meine Zelle und ging Richtung Haupttor, das sich in der Nähe des Besuchszimmers befand.

Als ich dort ankam, fragte ein Blauhemd namens Joe, wohin ich wollte.

„Botschaftsbesuch", sagte ich.

„Welche Botschaft?" fragte er.

Er stand dort mit der Besuchserlaubnis und erklärte, wer, was, wo und wenn – alles auf Thai.

„Kannst du nicht lesen? Ist doch in deiner Sprache!" sagte ich.

Er betrachtete mich mürrisch und sagte, ich solle mich setzen und auf den Diplomaten warten. Wenn er kam, würde er mich rufen.

Wir kamen zu einem Tor, das zum Besuchsareal führte, und er schubste mich hindurch.

„Wenn du zurückkommst, werde ich dir in den Arsch aufreißen!“ fauchte er.

Er sah nicht gerade stark aus, ich fühlte mich wesentlich besser und beschloß, mich von ihm nicht mehr einschüchtern zu lassen.

Ich drehte mich um und ging auf ihn zu.

„Warum warten?“ sagte ich. „Tue es jetzt.“

Er wirkte überrascht, und ich dachte, das lag daran, daß ich auf seinen Bluff reagierte. Er murmelte etwas und ging voraus.

Als wir das Besuchszimmer erreichten, schloß ein anderes Blauhemd die Tür auf.

„Stecke den Arsch da rein“, sagte er.

„Du bist der Arsch, Joe, nicht ich“, antwortete ich.

Über den Vorfall dachte ich nicht länger nach. Ich führte mit dem Botschaftsmitarbeiter ein gutes Gespräch und vergaß die Sache. Joe war für mich nichts weiter als ein arrogantes Arschloch.

Die Probleme begannen, als der Besuch endete. Als ich zurück zum Gefängnistor kam, wurde ich von 20 weiteren Blauhemden in Empfang genommen.

Zuerst stellte ich keinen Zusammenhang her. Sie genossen viele Freiheiten und rotteten sich häufig zusammen. Sie sagten mir, ich solle mich auf eine Bank setzen und warten. Dann kam Joe, und wie der Blitz war ich umzingelt.

Er warf mir vor, ihn beleidigt zu haben und verlangte, daß ich mich vor seinen Freunden entschuldigte. Joe kam ein paar Schritte nach vorne und begann, mit seinem Schlagstock bedrohlich auf die Handfläche zu klopfen.

„Wenn du ein Mann bist, dann entschuldigst du dich“, sagte er.

„Ich bin ein ganzer Kerl, und das wirst du niemals sein“, meinte ich. „Und du bekommst keine verdammte Entschuldigung.“

Er trat mich in die Rippen.

Ich versuchte, aufzustehen, aber die Blauhemden hielten mich fest. Das war nicht schwer, ich war immer noch ziemlich schwach wegen der TBC. Tatsächlich hielten mich die meisten Leute für einen Junkie.

Joe wußte, wie schwach ich war, und erinnerte mich an einen bellenden Hund.

„Du mußt dich entschuldigen! Du mußt sagen, daß es dir leid tut!"

Ich weigerte mich.

„Sagen, daß es mir leid tut? Was soll die Kinderkacke?"

Ich erklärte Joe, ich würde mich für nichts entschuldigen, und ich versuchte, aufzustehen. Er trat erneut zu, aber diesmal war ich darauf vorbereitet.

Ich schnappte sein Bein und brachte ihn zu Fall, und sobald er auf dem Boden lag, schlug ich zu.

Das war ein Fehler. Die anderen 20 Blauhemden sprangen mich sofort an. Es war eine richtige Massenschlägerei, und sie schlugen und traten willkürlich auf mich ein.

Als es vorbei war, rappelte ich mich auf. 20 Meter entfernt saß ein Kommando, ich erinnere mich noch genau daran, wie er einfach da saß und lächelte.

„Du hättest eingreifen müssen, du Arschloch, anstatt auf deinem fetten Arsch sitzen zu bleiben!" rief ich.

Er lachte trocken.

„Hau ab, Ausländer", antwortete er. „Hau ab zu deinem Gebäude."

Die Blauhemden hatten nicht sehr fest zugeschlagen, ich hatte ein paar Schrammen und Prellungen. Glück gehabt, denn sie hatten nicht ihre Schlagstöcke benutzt.

Bevor sie sich zusammentaten, um mich fertig zu machen, hatten sie offensichtlich den Kommando um Erlaubnis gebeten. Vermutlich hat er ihnen gesagt, sie könnten ein wenig zuschlagen, aber nicht mit den Schlagstöcken. Schließlich wollte er nicht zu viel Blut auf seinem hübschen, sauberen Boden sehen.

Ich beschwerte mich bei der Botschaft – nicht weil ich verletzt wurde, sondern weil ich jeden Tag durch dasselbe Tor zum Krankenhaus mußte. Ich schrieb, ich wollte nicht jeden Tag in eine Schlägerei mit den Blauhemden verwickelt werden. Sie schickten einen Brief an Gefängnis.

Ich weiß nicht, was darin stand, aber er half.

Einige Tage später wurde ich in das Büro des Vize-Direktors gerufen. Er erklärte, daß der Kommando am fraglichen Tag neu war und noch nicht alle Vorschriften kannte. Wenn ich offiziell Beschwerde einreichte, wäre seine Karriere als Kommando beendet. Er bat mich darum, die Angelegenheit zu vergessen und gab mir sein Wort, daß das nicht mehr vorkommen würde.

Mir blieb keine Wahl. Ich hätte mich formell beschweren können, das hätte vermutlich meinen Tod bedeutet. Daher sagte ich, wenn Joe nicht mehr am Tor sei, wäre ich einverstanden.

Man könnte glauben, ich sei der Verlierer gewesen, aber diese Schlacht hatte ich gewonnen. Ich hatte mich gegen Gefängnismitarbeiter aufgelehnt und war mehr oder weniger davon gekommen.

In demselben Monat erschlugen die Kommandos acht Gefangene im Bombat-Gefängnis, das direkt neben Lad Yao lag.

Die acht Häftlinge hatten versucht, auszubrechen. Sie hatten einem schlafenden Kommando den Kopf zerschmettert und rannten zur Mauer. Nachdem Alarm gegeben wurde, waren die Blauhemden hinter ihnen her.

Während die anderen Gefangenen gezählt und in die Fabriken gesperrt wurden, fingen die Blauhemden die Flüchtenden ein und brachten sie zu den wartenden Kommandos.

Die Kommandos nahmen sich immer einen vor und schlugen und traten ihn so lange, bis er bewußtlos wurde. Die anderen mußten daneben stehen und zusehen, bis sie an die Reihe kamen.

Da sie wußten, was auf sie zukommt, unternahmen einige von ihnen in ihrer Verzweiflung einen zweiten Fluchtversuch. Irgendwie gelang es ihnen, die Mauer zu erklimmen, die die beiden Gefängnisse trennte.

Ich konnte alles von meiner Zelle aus beobachten. Zwei von ihnen sah ich, wie sie zwischen den Bäumen herumrannten, die zwischen den Gefängnissen standen.

Einer sprang ins Lad Yao, aber als er merkte, daß einer der Blauhemden ihn gesehen hatte, verschwand er auf der anderen Seite hinter der Mauer.

Schließlich gelang es den Blauhemden in Bombat, alle zu schnappen, und sie wurden zur Bestrafung fortgeschafft.

Den Kommandos genügte es nicht, sie einmal heftig zu verprügeln. Während sie ohnmächtig auf dem Boden lagen, schütteten die Kommandos Wasser über sie, um sie wiederzubeleben. Ein Kommando meinte, Wasser reiche nicht, und urinierte auf die Gefangenen, als sie dort lagen – bewußtlos

Als die Häftlinge zu sich kamen, griffen die Kommandos erneut an. Sie schlugen unbarmherzig zu, und dieses Mal so lange, bis alle acht tot waren.

Auch wenn keiner der Kommandos eine Waffe trug, wurde in den Medien behauptet, die acht Gefangenen seien auf der Flucht erschossen worden. Sie kamen damit durch, indem sie auf alle acht schossen, nachdem sie gestorben waren.

In einem Fernsehbericht sah man alle Leichen, sie waren mit weißen Laken bedeckt, von denen sich deutlich Blutflecken abhoben. Die meisten hatten Verletzungen im Brustbereich, aber einige auch zahlreiche Wunden am Kopf und im Gesicht.

Unglaublich, daß die Kommandos immer noch nicht zufrieden waren. Nachdem sie die Gefangenen ermordet hatten, trieben sie alle Häftlinge zusammen, die mit den Ausbrechern befreundet waren oder eine Zelle geteilt hatten. Die Männer wurden gefesselt oder ihnen wurden Handschellen angelegt. Dann wurden sie geschlagen.

Diese Praxis gab es in jedem Thai-Gefängnis. Wenn jemand floh oder es versuchte, wurde jeder, den der Ausbrecher kannte, geschlagen und bestraft.

Nur zwei Monate nach diesem Vorfall erschlugen Kommandos in Lad Yao einen halb thailändisch, halb chinesischen Gefangenen in Gebäude Zwei.

Der Gefangene hatte einen Nagel in die Wand geschlagen, um seine Jacke oder Tasche aufzuhängen. Ein Wärter sagte ihm, das ginge nicht, der Häftling antwortete, der Kommando könne ihn am Arsch lecken. Daraufhin schlug der Kommando zu und überließ den Rest den Blauhemden.

Die übertrieben es wie üblich etwas, und der Häftling mußte ins Krankenhaus gebracht werden, weil er einen gebrochenen Arm hatte, auch wurden einige Wunden genäht. Als sie ihn aus dem Krankenhaus zurückbrachten, legte man ihn in Ketten und schaffte ihn in Einzelhaft. Es dauerte nicht lange, bis der Kommando mit seinen Henkern auftauchte. Sie schlugen den armen Hund so lange, bis er ohnmächtig wurde.

Etwa eine Stunde später bemerkten andere Männer, daß er Probleme beim Atmen hatte und riefen den zuständigen Wärter.

Bis der seinen Arsch erhoben hatte und den Weg in die Zelle fand, war es zu spät. Der Mann war gestorben.

Das war kein Einzelfall.

Ein anderes Mal wurde ein nigerianischer Gefangener bei einer Routinedurchsuchung von Blauhemden mit 30 Gramm Heroin erwischt, die er schnell schluckte. Man hätte ihn ins Krankenhaus bringen können, ihm Medikamente verabreichen oder den Magen auspumpen sollen, damit das Heroin wieder zum Vorschein kam.

Aber die Kommandos hatten eine bessere Idee: „Wir sollten die Drogen aus ihm herausprügeln."

Vielleicht glaubten sie, wenn sie nur fest genug zuschlugen, daß er sich übergab, dann brauchten sie ihre Zeit nicht mit dem Krankenhaus zu verschwenden. Es funktionierte auf diese Weise jedoch nicht.

Wegen der Schläge platzte die Tüte mit dem Heroin im Magen. Der Mann starb, was damit begründet wurde, er habe als Junkie eine Überdosis genommen.

Niemand kennt die genaue Zahl der Gefangenen, die von den Kommandos verstümmelt oder umgebracht werden, weil es niemanden interessiert.

Ich sah Gefangene, die Gehirnschäden erlitten oder zu Krüppeln wurden. Ich lebte mit einem Mann in einer Zelle, der linksseitig gelähmt war, weil er so schwer geschlagen worden war.

Auch andere Männer wurden zu Krüppeln. Wieder andere hatten in den Gefängnissen und mit dem thailändischen Justizsystem nicht so viel Glück, sie starben an den Schlägen, die sie bekamen.

Ein Menschenleben bedeutete nichts für die Kommandos, und wenn man sie verärgerte oder ihnen einen guten Grund gab, dann töteten sie einen innerhalb von Minuten und lachten darüber. Gewalt oder die Androhung von Gewalt war für alle Gefangenen gegenwärtig. Damit mußten wir einfach leben.

Jeder, der mich besuchte, erwähnte die Kommandos, ihre Bambusknüppel und Schlagstöcke. Die meisten Leute dachten, sie seien nur zur Verzierung, aber so war es nicht.

Die Kommandos stellten sicher, daß Besucher sehr wenig sahen. Es wurde alles unternommen, damit Besucher niemals ein Thai-Gefängnis richtig kennenlernten.

Boxtraining half mir dabei, auf andere Gedanken zu kommen.
© Sammlung des Autors

Trotz der ständig präsenten Gewalt in Lad Yao, ging es mit meinem Gesundheitszustand wieder bergauf. Ich hatte jeden nur denkbaren juristischen Weg eingeschlagen, um das Urteil anzufechten, aber ohne wirklichen Erfolg. Trotzdem mußte das Leben irgendwie weitergehen. Man kann sagen, ich hatte akzeptiert, was geschehen war und mich damit abgefunden, wohl die gesamte Strafe absitzen zu müssen.

Als ich merkte, daß man das System nicht bekämpfen konnte, fügte ich mich, ließ mich aber nie unterkriegen.

Sicherlich führte ich die Kampagne für meine Freilassung unter Mithilfe von John Mulcahy weiter, aber insgeheim duldete ich mein Schicksal und freute mich auf den Tag meiner Freilassung.

Mir blieb keine andere Wahl.

Als ich wieder gesund war, entschloß ich mich, Fitneß zu betreiben. Ich war niemals ein toller Sportler, aber nun wollte ich trainieren. Wenn sonst nichts, würde ich zumindest auf andere Gedanken kommen.

Mein Wunsch, fit zu werden, fiel zufällig in die Zeit, als die Gefängnisleitung entschied, ihre eigene Version der Fußballweltmeisterschaft 2002 abzuhalten.

Jedes Gefängnis sollte ein Team bereitstellen, das das teilnehmende Land repräsentierte.

Ich meldete mich freiwillig, um etwas Spaß zu haben, aber es dauerte nicht lange, bis ich merkte, daß der gesamte Wettbewerb ein Betrug war.

Als die Idee aufkam, suchte die Gefängnisleitung Sponsoren bei großen Unternehmen und der Regierung. Um Investoren zu interessieren, luden sie Repräsentanten diverser Fernsehkanäle sowie Journalisten ein, mehrere Diplomaten und einige andere VIPs.

Pepsi erklärte sich dann bereit, das Ereignis mit fünf Millionen Baht zu unterstützen. Als Pepsi an Bord war, spendeten andere Firmen Geld, damit sie kostengünstige PR bekamen. Nachdem die Sponsorengelder eingegangen waren, erklärt sich der Minister für Justiz bereit, die Veranstaltung zu eröffnen.

Wenn ich sage, die Veranstaltung war ein Betrug, dann meine ich damit nicht, wir spielten keinen Fußball. Wir spielten – aber es war nicht das, was die Leute glauben sollten.

Die Gefängnisleitung weigerte sich, Trikots und Fußballschuhe zu kaufen – auch dafür war Geld von den Sponsoren bereitgestellt worden. Die Kommandos sackten das Geld ein und zwangen uns, alles selbst zu zahlen.

Die Gefangenen kauften Trikots, Socken, Schuhe und alles andere. Wir bezahlten sogar für die Fußbälle.

Die Wärter machten ein Vermögen. Sie nahmen sogar Geld von den Zuschauern, die ihrem Team zujubeln wollten. 200 Baht mußte jeder Häftling für dieses Privileg bezahlen.

Fast das gesamte Sponsorengeld wurde gestohlen. Wir bekamen nur ein paar Becher kostenlose Pepsi, ein Handtuch und eine Unterhose. Die Gefängnisleitung und die Kommandos behielten und unterschlugen wie immer den Rest.

Dasselbe machten sie sechs Monate später, als sie bekannt gaben, sie würden ein thailändisches Kickbox-Turnier im Gefängnis veranstalten.

Mich faszinierte der Sport, den die Einheimischen *muay thai* nannten. Diese Boxart war ein dynamischer Kampfsport, der sich über einen Zeitraum von 2000 Jahren entwickelte. Vor ein paar Jahrhunderten nannte man Kickboxen *pahuyuth*, nun handelte es sich aber um eine moderne Sportart.

Viele Europäer hatten von Kickboxen noch nie gehört, auch wenn sie sich mit Kampfsport beschäftigten. Sehr wenige Leute lehrten ihn, denn man schlug und trat nicht nur, sondern benutzte auch Ellenbogen und Knie.

Das Konditionstraining, mit dem Kämpfer vorbereitet wurden, galt als legendär, weil es so intensiv und rigoros war. Kämpfer wurden geradezu gestählt. Wenn man von einem Kickboxer ins Schienbein getreten wurde, hatte man das Gefühl, es sei ein Baseballschläger gewesen.

Ich konnte es kaum abwarten, mitzumachen. Aber die Wärter sahen die ganze Angelegenheit skeptisch. Sie hatten vermutlich Angst, daß wir sie verprügeln könnten oder die Blauhemden zumindest zweimal überlegten, ob sie uns angreifen sollten. Aber glücklicherweise ignorierte die Gefängnisleitung die Bedenken.

Der Gefängnisdirektor sagte uns, die Teilnehmer würden von einem professionellen Trainer ausgebildet, und wer die Prüfung bestand, könnte in einem der thailändischen Stadien boxen. Selbstverständlich stellte die Gefängnisleitung die Trainingsgeräte zur Verfügung.

Als ich das hörte, wußte ich genau, was vor sich ging. Wieder ein Schwindel, um Geld zu machen.

Das Gefängnis wurde von einigen Boxstadien gesponsert, um den Gefangenen zu helfen und auch, um den Sport populärer zu machen.

Doch das sollte mich nicht abhalten. Was mich betraf, so konnten sie meinetwegen ihr Geld behalten, ich wollte nur trainieren.

Rund 15 Ausländer meldeten sich an. Am ersten Tag kam tatsächlich ein Trainer nach Lad Yao, sah ein paar von uns beim Boxen zu und nahm sich dann die Zeit, uns ein paar grundsätzliche Bewegungsabläufe beizubringen.

Der Vize-Direktor und die Kommandos sahen beim Training zu.

Es war das letzte Mal, daß wir den Trainer sahen. Ich vermute, er verlor das Interesse, als der Vize-Direktor sich weigerte, ihn für seine Mühe zu entlohnen.

Unbeirrt machte ich weiter. Diskret holte ich Erkundigungen über den Sport ein. Ich fand heraus, daß einige Thai-Häftlinge in meinem Gebäude Champions gewesen waren, bevor sie ins Gefängnis kamen. Tatsächlich gab es ein paar unter ihnen.

Anstatt den Plan aufzugeben, fragten ich und zwei Mithäftlinge diese Gefangenen, ob sie uns trainieren konnten. Sie erklärten sich einverstanden, und unter ihrer Aufsicht lernten wir zu boxen.

Das Konditionstraining war streng, erschöpfend und eine einzige Strafe. Und ich liebte es.

Zuerst lernte ich die Grundtechniken. Im Training brachte man uns bei, wie wir gegen unsere Gegner mit Händen, Ellenbogen, Knien und Tritten kämpften.

Auch wenn die hohen Fußtritte bei einem Kampf spektakulär aussehen, so lernte ich schnell, daß Ellenbogen und Knie die gefährlichsten Waffen der Boxer waren. Manchmal waren sie geradezu tödlich.

Zwei Kickbox-Techniken wandte ich am liebsten an: den Thai Low Kick und den Thai Roundhouse Kick.

Ich übte sie Stunde um Stunde. Beim Low Kick wurde der gesamte Körper kreisförmig bewegt, um die Beine des Gegners mit dem oberen Teil des Schienbeins zu treffen. Wenn dieser Tritt nicht fachgerecht abgewehrt wurde, war der Boxkampf danach oft beendet. Nach ein paar Low Kicks konnte der Gegner nicht mehr stehen.

Der Thai Roundhouse Kick war auch etwas Besonderes, jedenfalls fand ich das. Dieser Tritt wurde mit dem durchgestreckten Bein angebracht, der gesamte Körper drehte sich ab der Hüfte.

Ich lernte, daß fast alle Techniken beim Kickboxen die gesamte Körperbewegung ausnutzten. Man drehte die Hüfte bei jedem Tritt, Schlag oder Abblocken. Daher waren die meisten Techniken langsamer, aber sehr viel kraftvoller als Boxen oder Karate.

Auch wenn wir keine anständigen Geräte hatten – alles, was wir tun konnten, war entweder Rennen, Hüpfen und ein wenig Boxen –, wurden wir durch das Training abgehärtet. Ich fand es anregend. Es lenkte mich von meiner Situation ab, und ich hatte im Gefängnis eine Aufgabe.

Die Kommandos sahen mir aus einiger Entfernung beim Trainieren zu. Andere Gefangene gingen Streitereien mit uns aus dem Weg, denn wir wirkten muskulös und fit. Mein Aussehen änderte sich dramatisch.

Vorher hätte man mich für einen Heroinabhängigen halten können, nun sah ich aus wie ein Bodybuilder. Ich wurde sehr athletisch und beweglich.

Schließlich bastelten wir uns aus Laken und einem alten Beutel einen eigenen Sandsack. Wir trainierten daran monatelang, aber jedes Mal, wenn wir gegen den Sandsack boxten oder traten, beschädigten wir ihn.

Zu dieser Zeit beteiligten sich einige Iren, die in Bangkok lebten, an der Kampagne um meine Freilassung. Ich werde sie nicht namentlich erwähnen, weil sie anonym bleiben wollen. Sie kamen oft mit Freßpaketen ins Gefängnis und brachten auch Medikamente mit. Diese willkommenen Besucher kamen jede Woche. Sie brachten Obst, Getränke und Lebensmittel, das mir half, Körper und Seele zusammenzuhalten.

Sie dienten auch als Boten zwischen John Mulcahy und mir, falls wir einmal eine dringende Nachricht hatten.

Zunächst wollte ich diese Leute um nichts bitten, da sie so viel für mich getan hatten, aber schließlich konnte ich nicht mehr anders. Nach den vielen Schürfwunden an Fäusten und Knien, fragte ich meine Wohltäter, ob sie mir eine richtige Boxausrüstung kaufen konnten.

Ich war bereit zu boxen, aber nicht in einem Ring, weil ich nur ein halbes Training absolviert hatte.

Sie waren einverstanden und kauften alles: Handschuhe, Kopfschutz, Polster für Kick- und Schlagtraining und sogar Jockstraps.

Ich bezahlte dann 5000 Baht, um den Sandsack an einem Rahmen aufhängen zu können.

Mit der richtigen Ausrüstung überbot ich mich selbst als Boxer. Meine Technik wurde besser, und meine Sinne schärften sich. Ich trainierte morgens, mittags und abends.

*Muay thai* wurde normalerweise in einer Boxschule gelehrt, die einer Familie gehörte. Schüler wärmten sich auf, indem sie pro Tag vier oder fünf Kilometer liefen, machten am Nachmittag Sparring und übten ihre Techniken. Sie ließen sich auch massieren, um Verletzungen vorzubeugen und die Muskeln nach einem Kampf zu entspannen.

Im Gefängnis gab es solchen Luxus nicht. Wir trainierten den ganzen Tag. Wenn wir uns verletzten, boxten wir noch verbissener, damit wir uns nicht wieder verletzten.

Während ich gern trainierte und boxte, fand ich heraus, daß man ein Kickbox-Turnier nur durch Technik gewinnen kann. Um eine hohe Punktzahl zu erreichen, sollten die Boxer ihre Technik zeigen und damit ihren Gegner sichtlich in die Bredouille bringen. Es ging nicht um die Anzahl der Kickbox-Techniken, nach denen die Punktrichter Ausschau hielten, sondern nach deren Effektivität.

Die Punktrichter prämierten auch den stärksten Boxer. Ich wollte das im Kopf behalten, während ich mich für das Turnier vorbereitete. Was mich betraf, hätte ich genauso gut auch für die Kickbox-Weltmeisterschaften trainieren können.

Wie ich jedoch erwartet hatte, war das Turnier im Gefängnis nichts als ein weiterer Betrug.

Auch wenn wir trainiert hatten und bereit waren, jedem Gegner in einem Wettbewerb gegenüberzutreten, den sie uns hinstellten, kam niemand in ein Boxstadion. Statt dessen stellten sie einen provisorischen Ring vor dem Gefängnis auf. Dort fanden die Kämpfe statt.

Ein paar Häftlinge kamen aus anderen Gefängnissen, um zu boxen, aber – wie vorhersehbar – ließen uns die Kommandos nicht boxen, wenn wir dafür nicht bezahlten. Sie verlangten auch von den Häftlingen Geld, die die Boxkämpfe sehen wollten, und sie stahlen jeden Baht der Sponsorengelder.

Als ich erfuhr, daß sie von Gefangenen, die die Kämpfe sehen wollten, Geld verlangten, verlor ich jegliches Interesse. Wenn ich von einem Kommando abgezockt wurde, konnte ich das noch verschmerzen, aber es war nicht in Ordnung, wenn ich dazu beitrug, daß die Wärter den ärmeren Gefangenen das letzte Geld abnahmen. Ich konnte das zwar nicht verhindern, aber ich wollte es nicht begünstigen.

Im Lad-Yao-Gefängnis konnte ich mit Hilfe des Kickboxens meine Aggressionen abbauen. © Sammlung des Autors

# 17

Wenn ich nicht im Ring boxte, dann boxte ich meinen Weg durch die Instanzen. Nachdem meine Berufung abgewiesen worden war, gab man mir die Chance, eine Aufhebung des Urteils mit einer einmaligen Zahlung in Höhe von vier Millionen Baht zu erreichen.

So genau wurde das nicht gesagt, aber das verlangte Geld würde verwendet werden, um die juristische Bruderschaft zu bestechen und die Gerichtskosten zu zahlen.

Zu dieser Zeit konnte ich mir das nicht leisten, daher lehnte ich ab und beauftragte wieder einen neuen Rechtsanwalt, der Revision beim Obersten Gerichtshof einlegen sollte. Eine riskante Entscheidung, denn nur selten wurde bei Mordfällen eine Revision zugelassen.

Nichtsdestotrotz schrieb ich eine solide Begründung und hoffte, daß sich die Richter beim Obersten Gericht mit meinem Fall zumindest intensiv beschäftigen würden.

Die Punkte, die ich auflistete, waren mehr oder weniger dieselben, als ich Berufung einlegte. Der Unterschied bestand diesmal darin, daß mein Anwalt einen guten Ruf hatte, effizient arbeitete und aufrichtig war. Das stellte sicher, daß es nicht lange dauerte, bis mein Fall dem Gericht vorlag.

Nur zehn Monate später, am 31. Juli 2003 wurde ich mit 20 anderen zum Obersten Gerichtshof nach Bangkok gebracht.

Mir wurde gesagt, daß es sich um einen formalen Termin handele. Da ich mich darauf vorbereiten wollte, bat ich darum, einen Anzug tragen zu dürfen. Daraufhin erfuhr ich, daß ich einen bei jedem Gerichtstermin hätte tragen können, wenn ich nur gewollt hätte. Niemand hatte mir das gesagt, und es schien, daß auch die anderen Gefangenen nichts davon wußten. Der Kommando, der mich begleitete, sagte, er habe in 33 Jahren noch nie einen Häftling in einem Anzug gesehen.

Als ich zum Gericht kam, saß dort nur ein Richter, der aus einem Stapel von Dokumenten vorlas. Er rief den Namen eines Gefangenen auf und verkündete dann das Urteil.

Ich hörte aufmerksam zu, als die anderen Fälle besprochen wurden. Ich war sicher, nach Hause gehen zu können. Trotz allen vorangegangenen Enttäuschungen war ich mir nie zuvor so sicher, daß ich bald frei sein würde.

Fall für Fall wurde abgearbeitet, der Richter schien im Zweifel für jeden Angeklagten zu entscheiden. Selbst wenn er die Verurteilung nicht aufhob, so wurde das Strafmaß um die Hälfte oder zumindest ein Drittel reduziert.

Voller Erstaunen hörte ich zu. Ich hatte so etwas in Thailand noch nicht erlebt. Anscheinend handelte es sich hier um ein Gericht, bei dem mir letztendlich Gerechtigkeit widerfahren würde. Das war der erste Richter, den ich traf, der so etwas wie Kompetenz ausstrahlte.

Ich kann mich erinnern, daß ich der einzige Ausländer an diesem Tag war, und mein Fall wurde zuletzt aufgerufen. Als ich meinen Namen hörte, gingen die Nerven mit mir durch.

Meine Knie wurden beim Aufstehen weich. Ich wartete auf das Urteil.

Der Richter begann, die Urteilsbegründung vorzulesen. Er sah mich nie direkt an, konzentrierte sich, als er das Urteil verkündete.

Er sagte: „Es gibt keine wirklichen Beweise und keine Zeugen der Anklage, und der Fall des Staatsanwalts läßt an Glaubwürdigkeit zu wünschen übrig."

Ich dachte, ich hörte nicht recht. Das erste Mal seit meiner Verhaftung, hatte ich das Gefühl, gewinnen zu können.

Der Richter fuhr fort: „Die Aussage von Mr. O'Connor ist jedoch sehr belastend.

Daher *glaubt* das Gericht, daß der Angeklagte schuldig ist.

Dem Gericht tut der Angeklagte leid, weil er sein Geschäft und sein Heim verloren hat und viel Geld an Mr. O'Connor.

Der Angeklagte ist ein gebildeter Mann und hat keine Probleme im Gefängnis verursacht. Seiner Behauptung, von der Polizei gefoltert worden zu sein, wird kein Glauben geschenkt. Die Polizei hatte keinen Grund, ihn zu foltern."

Ich stand still da. Ich betrachtete den Richter und wußte nicht, wie ich reagieren oder was ich tun sollte. Ich fühlte nichts, ich war verloren.

„Dem Gericht tut die Familie des Angeklagten leid und sieht das Strafmaß als zu hoch an. Das Gericht verringert das Strafmaß auf zehn Jahre."

„Alle erheben sich", sagte der Gerichtsdiener.

Das war es, es gab nichts mehr, das ich noch tun konnte. Alles war vergeblich. Ich hatte meinen Fall dem höchsten thailändischen Gericht vorgetragen und verloren. Es gab keine Anlaufstelle mehr, an die ich mich hätte wenden können.

Ich hätte beim thailändischen Staat nach vier Jahren beantragen können, nach Irland überführt zu werden, aber ich hatte mich entschlossen zu bleiben und zu kämpfen, weil ich glaubte, ich würde letztendlich gewinnen.

Ich wollte, daß mich die thailändischen Gerichte freisprachen, mich nicht nur freilassen. Ich wollte rehabilitiert werden.

Zurückblickend ist nun offensichtlich, daß ich niemals eine Chance hatte.

Keiner der von mir beauftragten Verteidiger hatte sich ernsthaft mit meinem Fall beschäftigt.

Mir wurde schließlich klar, daß ich keinem von ihnen hätte vertrauen dürfen.

Als ich an diesem Nachmittag allein im Gerichtssaal stand, nicht wußte, was ich in der Sprache sagen sollte, die ich nicht sprach, umgeben von einer Kultur, die ich nicht wirklich verstand, blieb ich komischerweise erstaunlich ruhig.

Ich sagte nichts zu dem Richter. Als ich ging, ignorierte ich ihn.

Ich glaubte wie mein Anwalt, daß das Oberste Gericht mich am liebsten freigelassen hätte, aber befürchtete, ich könnte Schadensersatzklage einreichen. Wenn das Oberste Gericht mich freigesprochen hätte, wäre offiziell bewiesen worden, daß die anderen Gerichte ein Fehlurteil ausgesprochen hatten.

Ich glaube, der Oberste Gerichtshof reduzierte meine Strafe, weil das Gericht nicht rechtfertigen konnte, mich sehr viel länger im Gefängnis zu behalten.

Die Verringerung des Strafmaßes war eine symbolische Geste. Man könnte meinen, daß 13 Jahre und vier Monate in Thailand ein hohes Strafmaß darstellte, aber so ist es nicht.

Lebenslänglich in Thailand war gleichbedeutend mit 100 Jahren Haft, und die durchschnittliche Haftzeit betrug 25 Jahre. Wenn das Oberste Gericht wirklich gedacht hätte, ich sei schuldig, wäre das Strafmaß erhöht worden.

Als meine Strafe von 13 Jahren auf zehn reduziert wurde, spielte das für mich keine große Rolle mehr. Ich hatte die Hälfte der 13 Jahre bereits verbüßt. Ich wußte, daß es etwa ein Jahr später eine Amnestie gäbe, in deren Wege meine Strafe vermutlich halbiert werden würde.

Was das betraf, änderte eine Reduzierung von drei Jahren nichts. Wenn mein Name auf der Liste der zu amnestierenden Gefangenen auftauchte, würde ich ein Jahr später frei sein. Das wußte ich genauso wie der Oberste Gerichtshof.

Ich bekämpfte die Staatsanwaltschaft in drei Instanzen, schließlich verlor ich nach über sechs Jahren die Schlacht.

Als ich dort stand, dachte ich an die sechs Jahre in der Hölle. Ich wurde von einer Welle aus Streß und Frustration begraben.

Ich dachte an alles, das sich ereignet hatte. Die Schläge, die Folter und das elendige Gefängnisleben setzten mir am meisten zu – die völlige Hoffnungslosigkeit meiner Situation wurde mir bewußt. Ich dachte an meine Kinder in Irland, meinen Sohn Brendan, der ums Überleben in Bangkok kämpfte, und an meine Brüder und Schwestern. Ich war nur dankbar, daß meine Mutter und mein Vater nicht mehr am Leben waren, damit sie nicht mit ansehen mußten, wie ihr Sohn in einem thailändischen Gefängnis verkam.

Ich glaubte, das Urteil des Obersten Gerichts war ungesetzlich, aber ich akzeptierte es, denn mir waren die Hände gebunden, ich konnte nicht dagegen angehen.

Alles ergab nun einen Sinn. Ich war weder niedergeschlagen noch todunglücklich, merkwürdigerweise blieb ich gelassen.

Am Abend wurde ich in das Rattenloch Lad Yao zurückgebracht, als ob nichts Ungewöhnliches geschehen wäre.

Als das Jahr 2004 begann, fand ich mich damit ab, den Rest meiner Strafe absitzen zu müssen. Das war das Beste, das ich tun konnte. Über sieben Jahre war ich nun im Gefängnis, und ich hatte mehr Niederlagen, Unglück und Folter erlebt als andere in ihrem ganzen Leben.

Ich erlaubte mir nicht, wirklich depressiv zu werden, und entschloß mich, meine Gedanken auf alles zu lenken, nur nicht auf das thailändische Justizsystem.

Trotz der Aussicht auf eine düstere Zukunft, machte sich im Januar in Lad Yao Optimismus breit. Uns wurde gesagt, der König von Thailand würde im folgenden August eine Amnestie anläßlich des Geburtstags der Königin aussprechen, die ihren sechsten Lebenszyklus feierte. Die Thais begehen ihren Geburtstag alle zwölf Jahre mit besonderen Feierlichkeiten.

Bei diesen Amnestien wurden die Haftstrafen von Gefangenen um bis zu 50 Prozent reduziert, je nach Benotung der Gefängnisleitung. Das aber nur, wenn sie sich keines Verbrechens schuldig gemacht hatten, das die Thais als besonders schwerwiegend ansahen. Dazu gehörten Drogenhandel, Mord an einem Elternteil oder einem Mönch, oder ein besonders brutales Tötungsdelikt.

Wenn ich zu den Privilegierten gehörte, deren Strafe um die Hälfte reduziert wurde, dann würde ich sofort freigelassen werden – glaubte ich.

Ich weigerte mich in diesem Moment aber, länger darüber nachzudenken. Meine Erfahrungen in der Vergangenheit hatten mich eines Besseren belehrt.

Außerdem war eine Amnestie ausgesprochenes Glück. Es gab keine Garantie dafür, daß der König diese aussprechen würde.

Nach der anfänglichen Aufregung über eine mögliche Amnestie, kehrte im Gefängnis die Routine zurück.

Einige der Gefangenen kümmerte die Amnestie nicht, denn sie wußten, daß sie wegen der von ihnen begangenen Verbrechen niemals freigelassen werden würden.

Die Hunderten von Inhaftierten, die sich eines Drogenvergehens schuldig gemacht hatten, sahen keine Hoffnung. Der König von Thailand war bekannt dafür, daß er gegenüber Drogendealern noch nie eine Amnestie ausgesprochen hatte.

Diese Häftlinge wußten, daß sie nicht vorzeitig freikommen würden und wurden aus den verschiedensten Gründen oft eine Bedrohung für den Rest von uns. Den anderen nahmen sie übel, daß sie gute Chancen hatten, vorzeitig entlassen zu werden und versuchten immer wieder, Unruhe zwischen diesen Gefangenen und den Kommandos zu stiften.

Es ist erstaunlich, wie Leute in bezug auf das Glück Dritter reagieren.

Die Drogenhändler waren eine eigene Macht innerhalb der Gefängnismauern. Sie machten immer andere für ihre eigene Situation verantwortlich.

Sie begannen aus nichtigen Gründen Streit mit Gefangenen, die sich nichts hatten zuschulden kommen lassen, es waren die reinsten Querulanten.

In dieser Atmosphäre mußte ich besonders aufpassen, weil ich jegliche Schwierigkeiten vermeiden wollte. Wenn mich ein Dealer drangsalierte, ging ich in die andere Richtung. Wenn die Kommandos auf Streit aus waren, ignorierte ich sie.

Ich hatte keine andere Wahl.

Ich war zu weit gekommen, um meine Chance zu verspielen, freizukommen. Zurückblickend kann ich nur staunen, was ein Mensch alles aushalten kann, wenn er muß. Ich fühlte mich zu dieser Zeit sowohl geistig als auch körperlich so stark wie an dem Tag meiner Verhaftung. Doch ich stand unter einem entsetzlichen Druck.

Als mich die Frustration vollends überkam, durchlebte ich schreckliche Tage, aber ich sagte mir immer: Morgen ist ein neuer Tag. Wer weiß, was der bringt?“

Eines war auf jeden Fall sicher: Er konnte nur besser werden.

Es war eine lange Zeit bis August. Die Tage schlichen dahin. Das einzige, das das Leben lebenswert machte, war das Boxen. Das Gefängnisleben änderte sich, weil jeder in Lad Yao gespannt auf die nächste Amnestie wartete.

Eigentlich sprachen wir über nichts anderes mehr. Zu diesem Zeitpunkt zog ich ein Fazit. Ich listete die qualvollsten Erlebnisse auf, die mir bis dahin zugestoßen waren. Da waren zunächst meine Verhaftung und die Folter, dann kam die TBC. Und dann die ständige Gefahr, von den Kommandos ermordet oder verstümmelt zu werden, wie so viele meiner Mitgefangenen.

Diese Dinge waren für immer in mein Gedächtnis eingebrannt, aber ich konnte mir nicht helfen, ich machte es wie alle anderen. Ich tagträumte von der Amnestie und süßer Freiheit.

Alle dachten ähnlich. Wir waren wie besessen von der Amnestie. Es gab sogar ein Losverfahren, welche Häftlinge amnestiert, wessen Strafmaß reduziert werden würde.

Als der Tag näher rückte, schliefen die Gefangenen vor Aufregung kaum noch, ich eingeschlossen.

Der Tag der Wahrheit kam am 12. August, als Premierminister Thaksin und der Minister für Justiz das Lad-Yao-Gefängnis besuchten und offiziell die Amnestie ankündigten. Das war für die Häftlinge ein großes Ereignis.

Fernsehteams und Journalisten strömten ins Gefängnis, um die ersten Gefangenen zu filmen, die entlassen wurden.

An diesem Tag waren wir zwar eingesperrt, durften aber die Nachrichten auf einem alten Fernseher sehen. Für jeden eine nervenzerreißende Angelegenheit.

Ich kann mir vorstellen, daß es in jedem thailändischen Gefängnis ähnlich ablief. 300.000 Gefangene warteten darauf, was die Amnestie für sie bedeutete.

Niemand sagte ein Wort, als der Premierminister sprach, auch wenn sich keiner dafür interessierte, was er sagte. Schließlich gab Thaksin um 12.30 Uhr offiziell die Amnestie bekannt.

Ohne zu zögern, teilte er die Bedingungen mit und sagte: „Das Strafmaß für die normalen Fälle wird um die Hälfte reduziert.“

Im gesamten Gefängnis hallten Schreie und Applaus wieder. Jeder schrie und jubelte vor Erleichterung.

Wir würden nach Hause kommen. Die Tränen rollten über meine Wangen, und ich begann zu schluchzen. Der Alptraum war vorüber.

Ich wußte, ich mußte noch 60 Tage warten, bis die Gefängnisleitung die entsprechenden Papiere ausfertigt, aber das spielte keine Rolle.

Ich würde nach Hause gehen. Ich träumte von meinen Kindern, ich würde ihre Hand halten, während wir spazieren gingen und miteinander redeten. Ich fragte mich, wie sie wohl aussahen, und wie sie reagierten, wenn ich endlich nach Hause kam.

Es dauerte zwei Tage, bis die schriftliche Ankündigung am Schwarzen Brett im Gefängnis angebracht worden war.

Ich war erschüttert, als ich das Kleingedruckte las. Ich fand heraus, daß die Amnestie nicht für mich galt.

In dem Dokument stand: „Verringerung des Strafmaßes in Höhe der Hälfte für alle Fälle von Diebstahl, Betrug, Überfall etc. AUSSER Betrug in bezug auf Banken, AUSSER alle Fälle, in denen jemand zu Tode kam, AUSSER alle Fälle, in denen der Gefangene ein Wiederholungstäter ist. Bei den Fällen, die von der Reduzierung in Höhe der Hälfte ausgenommen sind, kann eine Reduzierung in Höhe von einem Drittel des Strafmaßes erfolgen, je nach Beurteilung der Gefängnisleitung.“

Da bei meinem Fall jemand zu Tode gekommen war, hatte ich keinen Anspruch auf den Nachlaß. Bei der vom König ausgesprochenen Amnestie kam es daher auf die Benotung an, die mir die Kommandos gaben.

Das war eine Katastrophe. Benotet wurde erst nach Abschluß des Falles. Da ich mich durch drei Instanzen gekämpft hatte, war ich erst zweimal benotet worden, und das letzte Mal hatte ich nur ein „gut bis sehr gut“ bekommen, kein „hervorragend“, und nur das würde mich für eine Reduzierung der Haftstrafe um ein Drittel qualifizieren. So hatte ich Anspruch auf Reduzierung um ein Viertel. Das waren zweieinhalb Jahre meiner zehnjährigen Haftstrafe.

Demnach betrug meine Strafe siebeneinhalb Jahre, das bedeutete, ich mußte noch sechs Monate absolvieren. Nach alledem würde ich jetzt noch nicht nach Hause fahren.

Ich war wie am Boden zerstört, aber ich hatte schon ähnliche Rückschläge erlebt, daher wurde ich nicht wütend. Jedenfalls nicht für andere sichtbar. Die Kommandos, Blauhemden und Drogendealer weideten sich an den Enttäuschten, aber ich gab ihnen nicht die Befriedigung, mir das ansehen zu können.

Ich betrachtete das von der positiven Seite. Sechs Monate später würde ich draußen sein, egal was passierte. Einige Männer mußten noch viele Jahre warten, bevor sie frei sein würden.

Nach der Amnestie wurde mein offizielles Entlassungsdatum auf den 18. Januar 2005 festgelegt.

Nachdem ich das entsetzliche Rattenloch verfluchte, weil ich dort ein weiteres Weihnachten und Silvester verbringen mußte, machte ich weiter wie bisher. Nur war dieses Mal ein Ende in Sicht.

Als der Zeitpunkt immer näher rückte, konnte ich kaum glauben, bald frei zu sein. Wochenlang schlief ich nicht, ich war ein psychisches Wrack.

Ich hatte im Grunde Angst davor, nach Hause zu gehen. Ich fragte mich, was ich dort tun sollte, wenn ich erst einmal dort war. Wo würde ich wohnen? Ich hatte kein Haus, keine Wohnung, und ich konnte doch nicht für den Rest meines Lebens auf irgendeiner Couch zubringen.

Ich wollte nicht, daß Leute in Bars fragten, wie es denn nun wirklich in Thai-Gefängnissen zuging. Ich wollte nicht, daß Leute mir Drinks spendierten, damit sie dann mit ihren

Kumpels über mich herzogen. Ich wollte nicht, daß Leute auf der Straße mit dem Finger auf mich zeigten.

Meine Ängste wurden schlimmer, je länger ich darüber nachdachte. Wovon sollte ich leben? Wie sollte ich Lebensmittel kaufen? Wie sollte ich Kleidung kaufen? Ich besaß nichts, nicht einmal ein eigenes Paar Schuhe. Im Gefängnis durfte ich nur Badelatschen tragen.

Ich stellte mir Fragen über alle möglichen Dinge. Wie konnte ich einen Job finden? Was war mit einer Freundin oder Frau? Wer wollte sich schon mit einem arbeitslosen Mörder abgeben?

Ich wurde derartig lange als Tier behandelt, daß ich beinahe glaubte, eines zu sein. Ich konnte nicht fassen, daß ich siebeneinhalb Jahre in diesem Rattenloch überlebt hatte.

Als es soweit war, kam ein Wärter auf mich zu und sagte, ich würde abgeschoben werden. Ich sollte meine Sachen zusammenpacken und mich auf die Abreise vorbereiten.

Er sagte, ich würde nach Sri Racha ins Immigration Detention Centre, die Haftanstalt der Ausländerbehörde, gebracht werden, dort würde meine Rückreise vorbereitet.

Nun passierte es wirklich. Ich konnte es nicht fassen.

Bis auf die Wärter freuten sich alle für mich. Ich packte schnell zusammen, was ich hatte, und gab meinen Freunden die Sportausrüstung, die ich besaß. Ich gab ihnen fast alle Kleidungsstücke, die Bettwäsche und mein Radio.

Ich ging herum und verabschiedete mich von jedem. Leute umarmten mich. Ich fühlte mich schrecklich. Ich wußte, viele von ihnen würden so einen Tag nie erleben, sie würden in dem stinkenden Rattenloch sterben.

Danach holte ich das wenige Geld ab, das sich auf meinem Gefängniskonto befand, dann unterschrieb ich die Entlassungspapiere.

Von zwei Kommandos wurde ich zum Haupttor begleitet. In all den Jahren, die ich in dem Gefängnis verbracht hatte, war ich nie Teil davon geworden. Ich blickte über meine Schulter zurück, als ich das Gefängnis verließ. Es war eine surreale Erfahrung, die ich bis zum heutigen Tage nicht vergessen habe.

Durch ein Fenster konnte ich die Welt draußen sehen. Bangkok hatte sich in den beinahe acht Jahre nicht verändert. Die Stadt war dieselbe geblieben.

Die Polizei von Sri Racha erwartete mich mit Handschellen, aber nachdem sie mit den Gefängniswärtern gesprochen hatten, entschieden sie, daß diese nicht nötig seien. Ich würde keine Probleme bereiten.

Ich fühlte mich phantastisch, als ich zumindest 50 Meter an der frischen Luft zurücklegen konnte, die aus dem wirklichen Leben und Freiheit bestand. Nun, jedenfalls fast.

Ich wurde zu einem Pick-up gebracht, der vor dem Tor stand, ich sollte mich auf dem Rücksitz niederlassen.

Das war das letzte Mal, daß ich den eindrucksvollen Komplex Lad Yao sah. Das Gefängnis wirkte von draußen fast friedlich. Nur die Häftlinge wußten von dem Grauen und dem Elend, das sich hinter den Mauern abspielte.

Als ich im Wagen war, setzten sich die Wärter neben mich. Wir fuhren nicht lange zur Polizei nach Sri Racha, dort wurde ich erkennungsdienstlich behandelt.

Mir wurde gesagt, ich müßte mit zwölf anderen die Nacht in einer Zelle verbringen. Es handelte sich um Kambodschaner, die illegal nach Thailand gekommen waren, um zu arbeiten. Das störte mich nicht. Die Polizeizelle war ein Hotelzimmer im Vergleich zu meinen früheren Behausungen.

Am nächsten Morgen wurde ich mit einem Pick-up zur Haftanstalt der Ausländerbehörde gefahren. Der Wagen fuhr gemächlich kurvige Seitenstraßen entlang. Als ich dort ankam, hatte ich das Gefühl, daß mir die Freiheit wieder entzogen wurde. Es war wie in Lad Yao.

Erneut wurde ich erkennungsdienstlich behandelt, und dann in eine überfüllte Zelle geschubst. Es gab keinen Platz, es gab keine Betten, und die ganze Zelle stank nach Scheiße.

Alle schliefen auf dem Boden. Jede Zelle hatte einen Aufseher, den man bezahlten mußte, damit man einen Platz zum Schlafen und ein paar Laken zugewiesen bekam.

Als ich mich über die Haftbedingungen aufregte, drehten die Beamten der Ausländerbehörde durch. Nach einem kurzen Streit gab ich auf. Ich wußte, wie es laufen würde. Sie konnten mich dort monatelang festhalten, wenn ich an die falschen Wärter geriet. Ich biß mir auf die Zunge und sagte nichts. Es hatte keinen Zweck.

Als ich mich umblickte, entdeckte ich zu meinem Erstaunen drei Typen aus Kambodscha, die ich aus Lad Yao kannte. Sie waren im August im Zuge der Amnestie freigelassen worden, aber sie hatten kein Geld für die Rückreise, daher saßen sie nun bei der Immigration in Haft, bis sie das Geld irgendwo auftreiben konnten.

Zum Glück war das Geld für den Flugschein dank John Mulcahy und *Phoenix* kein Problem für mich.

In dieser Nacht schlief ich nicht viel. Der Ort erinnerte mich an das Gefängnis von Chonburi. Es gab bemerkenswerte Gemeinsamkeiten, beide Haftanstalten waren überfüllte Rattenlöcher.

Am nächsten Tag besuchte mich Trudy Goodfield vom irischen Konsulat und sagte mir, sie habe meinen Rückflug vorbereitet. Trudy kannte sich in Bangkok aus und war in der Vergangenheit hilfreich gewesen.

Sie sagte, es würde keine Probleme geben. Sie sagte, sie habe das Ticket gekauft und die Fluggesellschaft mit einem Telefax informiert, so daß es keine Hindernisse geben würde.

Am 26. Januar wurde ich von einem Beamten der Ausländerbehörde zum Flughafen Don Mueang nach Bangkok gebracht.

Typisch Thai hatte er Handschellen dabei, bot aber an, diese nicht zu benutzten, wenn ich ihn mit 500 Baht bestach. Die thailändische Polizei wollte sich bis zuletzt an meinem Geld bedienen. Der Klugscheißer erklärte, daß die Fluggesellschaft sich möglicherweise weigerte, mich mitzunehmen, wenn ich in Handschellen am Check-in-Schalter auftauchte.

Ich wußte nicht, ob das stimmte, aber da ich es nicht darauf ankommen lassen wollte, zahlte ich das Geld.

Am Flughafen wurde ich der dortigen Ausländerpolizei übergeben. An diesem Tag wurden sechs Leute abgeschoben: drei Chinesinnen, ein Pakistani, ein Kolumbianer und ich. Die Zellen im Keller quollen mit Ausländern über, die auf Geld für ihre Flugscheine warteten.

Thailand ist bis auf die Knochen korrupt. Die Leute, die abgeschoben werden sollen, müssen ihre Flüge selbst zahlen. Können sie das nicht, bleiben sie im Gefängnis.

30 Minuten vor Abflug kam einer der Wärter auf mich zu und sagte, ich dürfe weder einchecken noch fliegen. Die Fluggesellschaft ließ verlauten, keine Abschiebehäftlinge transportieren zu wollen.

Das war's. Ich verlor die Beherrschung und bestand darauf, mit den Stewardessen sprechen zu dürfen.

Wenn ich den Flug nicht antreten durfte, mußte ich zurück ins Gefängnis – Tage, Wochen oder Monate.

Ich wollte nur nach Hause. Nun war ich der Freiheit so nahe, ich ertrug den Gedanken nicht, daß sie mir wieder genommen wurde.

Ich konnte nur versuchen, einen anderen Flug zu buchen. Ich hatte etwas Geld, aber es war nicht genug für ein Ticket. Auf jeden Fall mußte ich alles versuchen, um nicht wieder ins Rattenloch eingeliefert zu werden.

Einige irische Freunde aus Bangkok waren zum Flughafen gekommen, um sich zu verabschieden, ich borgte mir Geld von ihnen.

Ich bestach den Wärter, damit wir zu den Flugschaltern gehen konnten. Ich versuchte es mit einer Reihe von Fluggesellschaften, aber keine wollte Abschiebehäftlinge mitnehmen.

Schließlich wurde mir gesagt, daß Thai Airways mich möglicherweise mitfliegen lassen würde. Drei Minuten vor dem Start lief ich auf die Stewardeß zu und bettelte um ein Ticket.

Erst lehnte sie ab, aber als ich mit ihr auf Thai sprach, erklärte sie sich einverstanden Ich kaufte das Ticket, raste zum Check-in-Schalter und dann zum Flugsteig.

Als ich durch die Tür war, sah ich noch nicht einmal zurück. Ich rannte ins Flugzeug, das mich nach England bringen würde.

Der Wachmann versuchte, bis zum letzten Moment, Geld aus mir herauszuholen. Als er mich gehen ließ, bat er um Geld für seine Tochter. Ich sagte, er könnte mich mal am Arsch lecken, gab meinen Paß dem Offizier an der Paßkontrolle und drehte mich nicht mehr um. Ich flog nach England!

Kurz vor der Entlassung: Die acht Jahre haben mich ganz schön hart gemacht. © Sammlung des Autors

Am Bangkoker Flughafen wenige Augenblicke vor meiner Abreise nach England. © Sammlung des Autors

# 18

Ich entschloß mich, nicht sofort zu meiner Familie fahren. Wenn ich das getan hätte, wäre ich vermutlich zusammengebrochen. Statt dessen wollte ich mir ein wenig Zeit für mich selbst nehmen und mich daran gewöhnen, in Freiheit zu leben.

Mein Weg führte mich in eine Bar in London, die von einer Freundin geführt wurde, mit der ich während meines Gefängnisaufenthaltes in Briefkontakt stand. Sie hieß Margaret, und sie war so freundlich gewesen, mir Care-Pakete und Postkarten zu schicken, während ich in Bangkok war. Sie war damit einverstanden, daß ich ein paar Tage bei ihr blieb.

Als wir in ihrer Bar eintrafen, war ich sprachlos. Die Kellnerin fragte, was ich trinken wollte, ich konnte beim besten Willen nicht antworten. Ich sah mich um, erkannte aber kaum etwas, das auf den Regalen stand. Irgendwie hatte sich in den Jahren meiner Abwesenheit alles verändert.

„Gib mir einfach ein Blondes", sagte ich.

Die Kellnerin stand da und starrte mich an, bis ich schließlich auf den Zapfhahn deutete.

Ich konnte kaum fassen, wie gut es schmeckte. Ich habe niemals ein Glas Bier derartig genossen. Alles, das wir im Gefängnis getrunken hatten, war lauwarm und in der Regel verschmutzt. Ich kannte das Gefühl nicht mehr, ein erfrischendes Getränk zu genießen, und die kühle Flüssigkeit fühlte sich merkwürdig in meinem Magen an. Eines der letzten Biere hatte ich mit dem lachenden Polizeihauptmann acht Jahre zuvor in dessen Büro getrunken. Kurz bevor ich zur Folter abgeführt wurde.

Margaret kochte etwas Leckeres, und ich legte mich früh hin. Ich war erschöpft, konnte aber zuerst nicht einschlafen.

Ich befand mich im Kinderzimmer von Margarets Tochter, einer Teenagerin, die kurz zuvor ausgezogen war, weil sie nun auf die Universität ging. Das Zimmer war groß, alles in pink, das Bett war riesig und weich mit einer flauschigen Daunendecke. Es gab wohl nichts, das weiter entfernt war von der stinkenden Zelle, die ich mit 60 Kriminellen teilen mußte. Meine Gedanken trugen mich weg. Wie konnte ich in einer Welt mit solchem Luxus zurecht kommen, nach allem, was ich gesehen hatte? Wie konnte ich jemals wieder ein normaler, glücklicher Mensch werden? Während diese Gedanken durch meinen Kopf jagten, fiel ich in einen tiefen Erschöpfungsschlaf.

Als ich aufwachte, war es Nachmittag. Nachdem ich geduscht und gegessen hatte, wollte ich in die Stadt, um mich umzusehen und etwas einzukaufen. Natürlich hatte ich keine Kleidung außer den Shorts und dem T-Shirt, das ich im Gefängnis getragen hatte, und ein paar andere Dinge, die mir die Leute gegeben hatten, die mir halfen. Ich kaufte mir ein anständiges Hemd sowie ein Paar Hosen und Schuhe. Die Füße taten mir nach einer Weile weh – zu lange hatte ich nur Badelatschen und billige Sportschuhe getragen, ich hatte zunächst ein beengendes Gefühl.

Nachdem ich wieder salonfähig aussah, ging ich zuerst zu einer Hilfsorganisation, die mich betreut hatte. Ich wollte mich persönlich bedanken. Sie waren überrascht, mich zu sehen und sagten, ich sei der erste, der dort auftauchte, um seinen Dank zu bekunden. Sie stellten eine Reihe von Fragen, auch, wie sie den Jungs dort helfen konnten und was sie schicken sollten, um ihnen das Leben etwas zu erleichtern. Ich wollte die ganze Sache vergessen, es machte mir keinen großen Spaß, über meine Erfahrungen zu berichten. Doch die Freundlichkeit von Leuten wie diesen hatte mich am Leben erhalten. Ich wollte das nicht vergessen, nur weil ich jetzt frei war. Das wäre weder richtig noch fair gewesen, und – unglaublich oder nicht – ich glaubte immer noch an Gerechtigkeit.

Eines der ungewöhnlichsten Erlebnisse zu dieser Zeit waren die Menschenmassen in London. Ich war daran gewöhnt, daß sich Leute die ganze Zeit an mich drückten, und ich ständig auf mich aufpassen mußte. Als ich von Londonern auf der Straße umzingelt war, in einem Fahrstuhl oder sogar in einem Geschäft, wurde ich automatisch wachsam. Ich wurde nervös, und mein Instinkt sagte mir, einfach zu verschwinden.

An diesem Nachmittag befand ich mich irgendwann in einem Laden, um Geschenke für meine Familie zu kaufen. Das Geschäft war klein und unübersichtlich. Plötzlich stürmte eine Horde Touristen hinein, sie sprachen sehr laut eine Sprache, die ich nicht verstand, schubsten sich gegenseitig und lachten. Das erinnerte mich an die Zellen in Chonburi, als ich niemanden kannte und kein Thai sprechen konnte. Eine Sekunde lang war das Grauen in mein Gesicht geschrieben. Ich ließ den Korb mit den bereits ausgesuchten Geschenken fallen und rannte so schnell ich konnte aus der Tür.

Alles in allem war es selbstverständlich phantastisch, endlich frei zu sein. Ich blieb etwa eine Woche in London, und ich amüsierte mich. Abends ging ich in Margarets Bar, um mit ihr und ihren Freunden einen zu trinken. Manchmal zog ich um die Häuser, ging in Pubs und Nachtclubs, um mich langsam daran zu gewöhnen, daß ich machen konnte, was ich wollte. Ich unterhielt mich mit normalen anständigen Leuten, die nicht ständig Geld von mir haben wollten.

Wie ich bereits sagte, ich amüsierte mich, und ein oder zweimal war ich ziemlich betrunken. Ich glaube, das mußte sein. Es war ein Weg, die innere Spannung loszuwerden, um mit der enormen Veränderung in meinem Leben fertig zu werden.

Eines Abends fand ich mich in einer Hotelbar wieder. Ich lernte eine Gruppe von sechs oder sieben Leuten kennen, die dort wohnten. Sie wollten etwas über mich erfahren, was ich tat, woher ich kam usw. – daher sagte ich ihnen, ich sei gerade aus dem Lad-Yao-Gefängnis entlassen worden. Sofort fingen alle an, mir Drinks zu spendieren, und ich war stockbesoffen.

Jeder in der Gruppe war sehr zuvorkommend, aber da war eine junge Frau, mit der ich mich besonders gut verstand. Sie hieß Kate, und sie war hübsch. Blonde Haare und große, blaue Augen. Ich fand, daß ich mich gut mit ihr unterhalten konnte, und sie schien mich zu verstehen. Sie wollte nicht nur die blutrünstigen Gefängnisgeschichten hören, es war eine Erleichterung, nicht danach gefragt zu werden. Wir waren bald von dem Rest der Gruppe getrennt, und in eine tiefe Unterhaltung versunken.

Ich hatte mir selbst nicht gestattet, im Gefängnis an Frauen zu denken. Wenn ich das getan hätte, wäre ich verrückt geworden oder hätte die Kontrolle über mich verloren so wie Simon oder die anderen Arschlöcher dort. Aber nun war da diese Frau, die sich ehrlich für mich interessierte, ich konnte das kaum glauben.

In der Nacht lud sie mich auf ihr Zimmer ein.

Am nächsten Morgen erwachte ich mit Kopfschmerzen. Kate war bereits angezogen und packte für ihre Abreise. Noch am Morgen wollte sie nach Hause, nach Nordengland, zurückkehren. Mir wurde bewußt, daß wir beide nur Besucher in London waren, und außerdem war ich für eine Beziehung noch nicht bereit, aber mir tat es keinesfalls leid, sie kennengelernt zu haben. Acht Jahre lang hatte ich im Zölibat gelebt. Wie hätte ich „nein" sagen können, als mich diese gutaussehende Blondine in ihr Hotelzimmer einlud?

Ich gab ihr einen Kuß auf die Wange, bevor sie ging, und als sie ging, ging sie ihren Weg, und ich meinen.

*       *       *

Ich brauchte London. Wut und Verzweiflung hatten sich acht Jahre lang in Körper und Geist eingenistet. Ein paar verrückte Nächte halfen dabei, alles herauszulassen. Aber nach einer Woche war ich bereit, in mein richtiges Leben zurückzukehren.

Ein paar Freunde holten mich ab und brachten mich nach Dublin, um mir den Start in die neue Welt zu erleichtern. Am 31. Januar um 19.30 Uhr kam ich in Dublin an. Mein Bruder Tommy wollte dorthin kommen und mich abholen. Ich konnte es kaum abwarten, ihn wiederzusehen, aber ich war gleichzeitig nervös. Ich wußte nicht, wie er nach dieser langen Zeit reagieren würde, ob wir noch diese enge Beziehung zueinander hatten wie früher einmal.

Es war fast ein Tiefpunkt, nach Hause zu kommen. Meine Freunde hatten absichtlich meine Ankunft geheim gehalten, die Medien waren nicht erschienen – nur ein einsamer Fotograf wußte bescheid und machte kurz ein paar Aufnahmen. Wir setzten uns und warteten auf Tommy. Nach einer Stunde war er immer noch nicht zu sehen, aber wir entschlossen uns, etwas länger zu warten. 40 Minuten später gingen wir, ich vermutete, er hatte seine Meinung geändert.

Über Nacht blieb ich in Dublin. Alles fühlte sich merkwürdig an, angefangen von Kleinigkeiten wie gepolsterten Sesseln, über Türklinken an Türen bis hin zu Messer und Gabel bei den Mahlzeiten. Ich hatte derartig lange beim Essen meine Hände benutzt, daß ich nur unbeholfen mit dem Besteck herumklirren konnte. Es dauerte ewig, bis ich wieder richtig essen konnte, und ich bin sicher, es gab Leute, die dachten, ich sei ein Komiker, wenn ich mit der Gabel meinen Mund verfehlte und ständig kleckerte. Alles, das ich vorher so gut kannte, war nun ungewöhnlich, mein Leben hatte sich völlig verändert, das wurde mir jetzt klar.

Ich freute mich darüber, daß das Land seit meiner Abreise sehr viel multikultureller geworden war. In Dublin schienen Leute aus allen Herren Ländern unterwegs zu sein, jedenfalls hatte ich das Gefühl. Jeder besaß ein Handy, diese Telefone hatten nichts mehr mit den Dingern in Ziegelsteingröße zu tun, die nur einige wenige benutzten, als ich zuletzt in Irland gewesen war.

Ich quartierte mich in einem Hotel ein und rief Tommy an, sobald ich es mir gemütlich gemacht hatte. Er war gerade vom Flughafen in Dublin zurückgekommen – unverrichteter Dinge! Er war wie geplant zum Flughafen gefahren, aber er hatte mich nicht erkannt. Mir war nicht klar, daß ich mich so sehr verändert hatte. Ich wußte, daß ich schlanker war und muskulöser aussah, und ein kahlrasierter Schädel ersetzte nun eine beginnende Glatze, die ich einmal so gut wie möglich kaschiert hatte. Dennoch hatte ich geglaubt, daß mein Bruder mich erkennen würde. Er hatte auch auf eine einzelne Person geachtet, und als er mich zusammen mit einem Mann und einer Frau sah, dachte er, er habe sich geirrt.

Am nächsten Morgen fuhr mich mein Freund nach Dundalk, dort traf ich Tommy. Dieses Mal gab es keine Verwechslungen. Wir fielen uns in die Arme und versuchten, die Zeit, die uns getrennt hatte, einfach auszuradieren. Es war wundervoll, ihn endlich wiederzusehen, und das erste Mal seit meiner Entlassung versuchte ich, aus mir herauszugehen und mich zu entspannen.

Wir spazierten durch die Stadt, im allgemeinen schien alles fortschrittlicher geworden zu sein. Tommy erzählte, meine Stammbar, der White Oaks Pub, sei nun ein Gourmet-Restaurant. Dann gab es den Euro. Es dauerte eine Weile, bis ich mich an die neue Währung gewöhnte. Lange Zeit nahm ich immer einen Taschenrechner mit, egal wohin ich ging.

Trotz all dieser Veränderungen – nichts schien mehr so zu sein wie früher – hatte ich das Gefühl, ich kehrte zu meinen

Wurzeln zurück. Nach vielen Jahren der Distanz kam ich schließlich nach Hause.

Ich blieb bei Tommy, und am nächsten Tag fuhr ich in meine Heimatstadt. Zuerst besuchte ich meine Kinder. Jason war jetzt 17, Carl 13 und Nicole 12. Ich hatte befürchtet, ich würde sie nie mehr wiedersehen, daher war ich ganz aus dem Häuschen, als ich sie traf. Wir hatten im ständigen Kontakt gestanden, sie schrieben mir ständig, daher war ich nicht ganz ausgeschlossen. Aber ich war begeistert, wie sehr sie sich entwickelt hatten und zu jungen Erwachsenen geworden waren. Ich war so stolz auf sie alle.

Anfangs schienen sie etwas reserviert, aber nach einer Weile war es so wie früher. Ich hatte Nicoles Geburtstag knapp verpaßt, daher ging ich mit ihr einkaufen und schenkte ihr ein paar Kleidungsstücke. Wir gingen alle Eis essen oder ins Kino oder wir sahen uns gemeinsam Filme zu Hause an. Es machte mich ungeheuer glücklich, Zeit mit ihnen zu verbringen. Wenn es an meinem Gefängnisaufenthalt etwas Gutes gab, dann, daß ich in den acht Jahren meine Familie sehr viel mehr zu schätzten lernte als vorher. Ich werde sie niemals als etwas Selbstverständliches erachten.

Ich log sie niemals an über das, was mir zugestoßen war. Das wäre nicht richtig und nicht fair gewesen. Aber ich glaube, sie verstanden nie ganz, durch welche Hölle ich gegangen war. Wie konnten sie? Es war für Erwachsene schwer genug, das zu verstehen, selbst wenn sie die ganze Geschichte kannten. Ich bat ihre Mutter darum, dieses Buch zuerst zu lesen und dann zu entscheiden, ob sie es den Kindern geben will. Aber ich glaube, je schneller wir alles vergessen, um so besser.

Es dauerte eine Weile, bis ich mich einlebte, aber ich glaube, ich habe mich ganz gut daran gewöhnt. Ich suchte mir eine Wohnung in der Nähe meiner Kinder und deren Mutter, und ich begann wieder, als Schweißer zu arbeiten.

Während eines Radiointerviews rief einer meiner ehemaligen Arbeitgeber an und sagte, ich gehörte zu den besten Schweißern, die je für ihn gearbeitet hätten, und daß er mir jederzeit einen Job geben würde, wenn ich wollte. Schon bald sprach ich ihn auf sein Angebot hin an.

Ich schreibe immer noch ein paar Typen, mit denen ich mich in Lad Yao angefreundet hatte. Ich weiß, was Briefe für einen Gefangenen bedeuten, daher schwor ich mir, sie nicht zu vergessen. Ich versuche, kein Salz in die Wunden zu streuen – wenn ich zum Abendessen Steak hatte, bin ich so taktvoll und erwähne das nicht –, aber sie wollen immer genau wissen, was ich mache und wie es mit mir weitergeht.

So gut ich kann, versuche ich die Erinnerungen über Thailand und was dort geschah zu verdrängen. Ich will nicht darüber nachdenken. Das ist aber einfacher gesagt als getan, und manchmal kommen die Erinnerungen wieder hoch – ein Geruch, ein Wort oder ein bestimmter Gesichtsausdruck reichen manchmal aus.

Ab und zu möchte ich mich betrinken, so wie in London. Jetzt verstehe ich, warum so viele Leute Alkoholiker werden, nachdem sie ein Trauma durchlebt haben. Alkohol blendet die Erinnerungen aus, wenn auch nur für einige Zeit. Aber egal, wieviel man trinkt, irgendwann kommen sie zurück – in den Gedanken, in den Träumen. Das Gefängnis wird immer in mir sein.

Ich werde auch nie derselbe Mensch wie vor meinem Aufenthalt in Thailand sein. Ich habe mich verändert. Ich verbrachte fast acht Jahre in einem thailändischen Gefängnis. Das hinterläßt seine negativen Spuren, egal, wie stark man ist. Ich sah Dinge, die nie jemand hätte sehen sollen, ich wurde gezwungen, Dinge zu tun, die niemand tun sollte.

Am schlimmsten fand ich wohl, daß meine Augen geöffnet wurden, was die Fähigkeit von Menschen betrifft, anderen Menschen Grausamkeiten und Gewalt anzutun. Ein gesunder Menschenverstand kann das nicht nachvollziehen. Die Gleichgültigkeit war die ekelhafteste, entsetzlichste und traurigste Erfahrung, die ich machen mußte. Die Gleichgültigkeit der Wärter, die Gleichgültigkeit des Systems, die Gleichgültigkeit der thailändischen Bevölkerung und der Weltöffentlichkeit in bezug auf Ungerechtigkeit. Diese Gleichgültigkeit ist eine Schande für die Menschheit.

Ich habe dieses Buch geschrieben, um zu versuchen, die Gleichgültigkeit zu beenden. Es gibt Tausende wie ich: unschuldige Menschen, die in Thailand unaussprechliche Qualen durchleben.

Als ich in diesem stinkenden Rattenloch beinahe starb, wollte ich kein Mitleid, ich wollte Gerechtigkeit. Aber bevor das System geändert werden kann, müssen die Schrecken offen gelegt werden.

Die meisten Leute können sich kaum vorstellen, was ich durchgemacht habe. Ich habe dieses Buch geschrieben, damit Sie es können. Viele finden es schwierig, alles nachzuvollziehen, andere wollen es nicht glauben. Aber es ist alles wahr, und ich habe es aufgeschrieben, damit die abscheuliche Brutalität und die Ungerechtigkeit, die Menschen wie mir täglich widerfährt, ans Tageslicht kommt und eingestanden wird. Nun habe ich Ihnen meine Geschichte erzählt. Ich habe meine Geschichte so erzählt, daß Sie der Hölle ins Auge blicken können.

# Epilog

Die Haftbedingungen und die Brutalitäten in thailändischen Gefängnissen sind nichts Neues. Die Zustände haben sich jahrelang nicht geändert. Es wurde immer wieder darüber berichtet – dennoch hat sich nichts verbessert. Die meisten Leute in der ganzen Welt kennen zumindest eine der vielen Horrorgeschichten aus Thailand. Die thailändische Regierung und die Öffentlichkeit sind sich sehr wohl bewußt, was hinter den Mauern vor sich geht, aber niemanden scheint das zu kümmern.

Es ist schon erstaunlich, wie schnell man seine Freunde verliert, wenn einem ein Mord vorgeworfen wird. Fast niemand aus meiner Heimat belastete sich je damit, mir einen Brief zu schreiben. Und die Stadtverwaltung interessierte sich für Imbißstände, und wo diese aufgestellt werden dürfen.

Für irische Häftlinge in Thailand und in der ganzen Welt ist die Commission for Prisinors Overseas (ICPO) zuständig. Es handelt sich um eine Hilfsorganisation, die versucht, irischen und englischen Frauen und Männern zu helfen, die in ausländischen Gefängnissen einsitzen. Leider hat die ICPO nur ein schmales Budget und kann keine finanzielle Hilfestellung gewähren, allerdings unterbreitet die Organisation dem irischen Außenministerium Vorschläge, was unternommen werden könnte.

Die Mitarbeiter der ICPO schreiben auch Postkarten an Gefangene und vermitteln Brieffreundschaften. Ich konnte immer nur schreiben, daß ich alle gern hatte und bald wieder zu Hause sein würde. Das war nicht viel, aber mehr gab es nicht zu sagen.

Jetzt bin ich dem Rattenloch entkommen, wir müssen nun versuchen, einige der verlorenen Jahre zurückzugewinnen.

Meine Frau Nanglung will meinen Sohn Brendan an mich verkaufen. Natürlich beabsichtige ich nicht, mein Kind zu kaufen, aber die Botschaft wird ihm einen Paß zukommen lassen. Irgendwann wird er nach Irland kommen und bei mir wohnen, und wir können versuchen, als Familie zusammenzuleben.

Wie sehr meine Kinder wegen der ganzen Angelegenheit gelitten haben, ist schwer zu sagen, aber sie sind stark. Ich hoffe, daß sie schnell vergessen werden, und wir mit unserem Leben weitermachen können.

# Danksagung

Viele herzensgute Menschen in Irland und anderswo haben mich unterstützt, und sie waren mein Ein und Alles.

Am meisten hat mir John Mucahy von *Phoenix* geholfen. Er schrieb mehrere Artikel in seinem Magazin, um meinen Fall publik zu machen. *Phoenix* richtete einen Fond für die Berufung ein, von dem dort eingegangenen Geld konnte ich Lebensmittel kaufen und die Verfahrenskosten bezahlen.

Die Unterstützung, die ich über diesen Fond erhielt, war phantastisch, und um ehrlich zu sein, ich hätte ohne nicht überleben können. Leute aus ganz Irland scheinen ein paar Pfund gespendet zu haben. Wenn ich Geld für Medikamente brauchte, mußte ich nur John fragen, und er überwies es, das war eine tolle Sache. Ich mußte mir keine Gedanken mehr darüber machen, woher meine nächste Mahlzeit kommen sollte, und das nahm eine Last von mir. Allen Iren, die sich ein Herz nahmen und spendeten, obwohl sie vorher noch nie von mir gehört hatten, schulde ich etwas. Das werde ich nie zurückzahlen können.

Eine Miss Lily Byrne, die ich nur entfernt kannte, schrieb, sie wolle mir auf jede Art und Weise helfen. Sie schickte eine Petition an das irische Auswärtige Amt, damit man sich dort mit meinem Fall beschäftigte.

Ich bekam einen Brief von Dr. Liam O'Gorman, der Mitglied von Amnesty International in Irland ist. Dr. O'Gorman nutzte alle ihm zur Verfügung stehenden Kontakte, um Druck auf die irische Regierung auszuüben, damit mir geholfen wird. Er schrieb auch eine Vielzahl von Briefen selbst. Wir wurden gute Freunde, und er schickte auch etwas Geld und Pakete mit Medikamenten für alle nur erdenklichen Krankheiten.

Der Journalist John Mooney schrieb ein paar Artikel in seiner Zeitung, druckte den Aufruf von *Phoenix* ab und setzte meinen Namen und meine Anschrift darunter, damit die Leute direkt an mich schreiben konnten. Er spendete auch an meinen Fond. Er nahm sich sogar die Zeit, mich zu besuchen.

Elizabeth O'Neill vom *Magill* kam ebenfalls nach Thailand. *Magill* druckte Kolumnen, die ich unter dem Titel „Briefe aus Bangkok" geschrieben hatte, und auch sie spendete für den Fond. Verschiedene andere irische Journalisten besuchten mich, als ich in Thailand war, aber John Mulcahy, John Mooney und Elizabeth O'Neill ragen wirklich heraus.

Ab und zu wurde ich auch von Dr. Dan Breen besucht. Er ist ein irischer Professor an einer thailändischen Universität. Dr. Breen ist auch Mitglied der Thai Union of Civil Liberties (Thailändische Vereinigung für Bürgerrechte), er beriet mich in meinem Fall und versuchte zu helfen.

Es gab auch viele Missionare, die mich sehen wollten, aber ich bin zu den Treffen dieser christlichen Fundamentalisten nie gegangen. Ich brauchte niemanden, der mir etwas von Jesus erzählte. Ich hatte lange Zeit zuvor gelernt, daß mich niemand erlösen würde.

Ein Priester namens Vater Oliver und eine irische Nonne, Schwester Louise Horgan, die in Bangkok arbeiteten, waren die einzigen, die nicht versuchten, mir Religion in den Hals zu stopfen. Ich freute mich immer, sie zu sehen. Schwester Louise war vielleicht nicht mehr die Jüngste, aber sie brachte mich immer zum Lachen – so etwas brauchten wir im Gefängnis.

Mich besuchten auch Leute, die in Thailand Urlaub machten. Einige hatten von mir gelesen und kamen vorbei. Einige waren ziemlich nervös und andere waren nicht sicher, ob ich überhaupt Besuch von Fremden erhalten wollte, aber sie kamen trotzdem. Wenn Leute für ihren Urlaub ein Vermögen ausgeben, sich aber die Zeit nehmen, einen Häftling zu besuchen, dann bedeutet das für einen Mann hinter Gittern sehr viel. Es ist vielleicht der einzige Besuch, den er je bekommt, möglicherweise das einzige freundliche Gesicht, das er je sieht. Natürlich gab es Leute, die nur die schrecklichen Geschichten hören wollten, aber 99 Prozent waren wirklich um unser Wohlergehen besorgt und schockiert über die Zustände, in denen wir leben mußten. Einige überließen uns etwas Geld, andere kauften Obst im Laden vor dem Gefängnistor. (Diese Besuche nannten wir immer „Bananen-Besuche".)

Das Essen, das sie kauften, teilte ich immer mit den anderen Jungs, die nicht viel hatten, und wenn sie Bananen-Besuch bekamen, teilten sie mit mir.

So überlebten wir. Die meisten Männer teilten das Wenige, das sie besaßen, denn Egoismus zahlt sich am Ende nicht aus.

Mich besuchten Leute aus aller Herren Länder. Gut kann ich mich an zwei hübsche Däninnen erinnern, die mich zwei- oder dreimal besuchten, und zwei hübsche Engländerinnen, Tanya Cook und Alisha, die mich besuchten und danach Postkarten schickten, um mich aufzumuntern.

Einige der irischen Bars in Pattaya und Bangkok sammelten ab und zu Geld, um helfen zu können. Ich war sehr froh darüber.

Meine Brieffreundin Ann munterte mich immer auf. Ich habe im Gefängnis eine Menge Briefe geschrieben, und kann mich glücklich schätzen, so viele gute Freunde kennengelernt zu haben: Helen, Miriam und Colin, Arthur, Eddie, Martha und John L.

Ich bekam Briefe und Karten und Freßpakete, einige regelmäßig von Helen, Martha, Tom, Liam, Margaret, John und Paddy, nur um ein paar zu nennen. Dummerweise vergaßen einige der Absender, ihre Anschrift beizufügen, so daß ich mich niemals bedanken konnte.

Ich bekam auch Briefe und Pakete von Margaret Shiels in London. Sie ist die Eigentümerin von Coningham Arms, einer irischen Bar in Shepherd's Bush. Dort war ich immer eingekehrt, als ich als 18jähriger in London arbeitete.

Meine Ex-Frau Paula und meine drei Kinder schrieben mir regelmäßig. Auch wenn es schwierig sein kann, den Kindern zu erklären, wo man ist und warum, log ich sie nicht an. Das wäre weder richtig noch fair gewesen. Es wurde aber sehr schwierig, als meine Tochter fragte: „Papa, wann kommst du nach Hause?"

Wie kann man seinen Kindern erklären, daß man unschuldig, aber trotzdem eingesperrt ist? Wie kann man von Berufungsverfahren und Urteilen und Verfassungsgerichten erzählen, oder von einer Amnestie des Königs?

Alles, was ich je sagen konnte, war, daß ich sie liebte und so bald als möglich zu Hause sein würde. Das war keine gute Antwort, aber es war die einzige, die ich hatte.

Jetzt bin ich dem Rattenloch entkommen, wir müssen nun versuchen, einige der verlorenen Jahre zurückzugewinnen.

# Bücher bei Bamboo Sinfonia auf Deutsch:

**David McMillan**
Flucht

Im Klong-Prem-Gefängnis, besser bekannt unter dem Namen „Bangkok Hilton“, vermodern 12.000 Gefangene, unter ihnen 600 Ausländer. Einer der Vergessenen ist ein Mann, der nur ein Ziel kennt: Flucht! Dies ist die wahre Geschichte des einzigen Ausländers, dem es gelang, aus dem berüchtigtsten Gefängnis Asiens auszubrechen.

**Julia Manzanares und Derek Kent**

Erst 13 – Lons wahre Geschichte

Dies ist die Geschichte einer Ausreißerin, die in der thailändischen Sexindustrie gearbeitet hat. Sie erzählt der unwissenden Welt, wie die „Töchter des Isan" ihren Verpflichtungen gegenüber den Familien nachkommen müssen – egal wie hoch der Preis ist.

**Louis Anschel**
Yings Geheimnisse

Die Ermittlungen in einem geheimnisvollen Mordfall im Berliner Rotlichtmilieu führen einen Kriminalkommissar nach Thailand. Dort beginnt er eine Liaison mit einer jungen Thai und gerät in einen Sumpf aus Sex, Korruption und falschen Verdächtigungen.

**Louis Anschel**
Ein Farang schlägt zurück

David lernt in einem Massagesalon in Pattaya die Liebe seines Lebens kennen. Er geht nach Thailand, um für immer mit seiner Freundin zusammen sein zu können. Eines Tages muß David feststellen, daß sie ihn nicht nur verlassen, sondern abgezockt hat. Der Farang schwört grausame Rache…

**Louis Anschel**
Eine Schlange im Paradies

„Die Farangs suchen in Bars oder GoGos ein Bargirl, das sie für die Nacht mieten können, und betrachten sich in ihrer Arroganz als Jäger – und die Mädchen sind die Beute. Aber ich spiele das Spiel nach meinen eigenen Regeln."
Die Immobilienmaklerin Apple ist anders, sie ist die gefährlichste Frau im Touristen-Paradies.

**Louis Anschel und Hermann U. Loewel**
SHORT TTIMES

Gerhard bewegt sich in Wien fast ausschließlich in der thailändischen Community. Maria sieht sich in Pattaya nach einem neuen Partner um. Der Lehrer Martin verliebt sich in Bangkok in eine Schülerin aus der High Society. Alain kann sich in Pattaya nicht zwischen seiner Freundin und amourösen Abenteuern entscheiden. Eine tiefgründige und zugleich rasante Achterbahn-Fahrt durch die Höhen und Tiefen des Lebens und der Liebe zur betörenden Weiblichkeit Thailands.

**Louis Anschel und Hermann U. Loewel**
FUNNY GAMES

Der satirische Roman übt bitterböse und zynische Kritik am typischen Alltag in Pattaya und seziert den Verfall gesellschaftlicher Werte. Die Protagonisten stellen in einer Stadt, in der alles käuflich ist, individuelle Regeln auf und geraten so durch eigenes Handeln immer tiefer in einen Sumpf, aus dem sie sich nicht mehr befreien können.

**Stephen Leather**
Private Dancer

Ein junger Reiseschriftsteller trifft in einer GoGo-Bar die Liebe seines Lebens. Doch schon bald findet er heraus, daß sein Private Dancer ein Doppelleben führt. Joy ist das Mädchen seiner Träume – und zugleich sein Alptraum.

**Neil Hutchison**
Geld, die Nummer Eins

Der politisch korrekte Überlebensführer für männliche Singles in Pattaya. Die komplett überarbeitete neue Übersetzung der aktuellsten Ausgabe des englischsprachigen Bestsellers *Money Number One* enthält umfangreiche Informationen, praktische Tips sowie humorvolle Ratschläge für den alleinreisenden Herrn, der in Pattaya Kontakt zu Thai-Ladys sucht.

**Neil Hutchison**
Ein Narr im Paradies

Dem Leser wird anhand einer Sammlung von Kurzgeschichten nicht nur das phantastische Pattaya an der Ostküste Thailands nähergebracht. Die Erzählungen sind kurzweilig, humoristisch, gut geschrieben und *alle wahr*. Na ja, so ziemlich.

**Warren Olson**
Privatdetektiv in Bangkok

Betrügerische Bargirls, untreue Ehepartner und lesbische Geliebte – all das gehörte zum Alltag des Privatdetektiven Warren Olson, der über ein Jahrzehnt auf den Straßen von Bangkok ermittelte. Die Geschichten basieren auf Olsons Akten und wurden von Bestseller-Autor Stephen Leather („Private Dancer“) niedergeschrieben.

**Dr. Iain Corness**
Farang – Ein Auswanderer in Thailand

Der Autor verliebte sich 1975 in das Königreich, als er dort seinen Urlaub verbrachte, und lebt seit 1997 ständig in Thailand. Als niedergelassener Farang, oder Ausländer, hat er einen einzigartigen Blick auf das Leben in Thailand mit all seinen Merkwürdigkeiten.

**Chuck Wilson**

So viele Mädchen! So wenig Zeit!

Ein Handbuch, das Schritt für Schritt in das Thema Liebe und Romanzen in Thailand einführt. Ob Sie auf der Suche nach einer flüchtigen Affäre sind, einer Freundin, in die Sie sich verlieben können, oder nach der Frau fürs Leben Ausschau halten: Dieses Buch verrät, wie Sie unter Beachtung der Regeln das Spiel der Liebe gewinnen können.

Für weitere Informationen und eine aktuelle Bücherliste wenden Sie sich bitte an Louis Anschel unter

**L.Anschel@hotmail.com**

oder besuchen Sie die Webseite von Bamboo Sinfonia

**www.bamboosinfonia.com**